Gott sagt ja zu mir

Die Arbeitshilfe wurde erarbeitet von der Projektgruppe des Arbeitskreises »Seelsorge und Theologie« der Bundesvereinigung Lebenshilfe für Menschen mit geistiger Behinderung e.V., Marburg.

Mitglieder der Projektgruppe:
Heinrich Aufleger
Helmut Bellinger
Ulrich Beuker
Inge Gems
Ulrich Kolkmann
Rolf Krenzer
Anita Müller-Friese
Winfried Stadtfeld
Ursula Villhauer

Gott sagt ja zu mir

Vorbereitung auf Erstkommunion,
Firmung und Konfirmation
für Menschen mit geistiger
Behinderung

Herausgegeben von der
Bundesvereinigung Lebenshilfe für
Menschen mit geistiger Behinderung e.V.

Lahn-Verlag Limburg

Die Deutsche Bibliothek – CIP-Einheitsaufnahme

Gott sagt ja zu mir: Vorbereitung auf Erstkommunion, Firmung und Konfirmation für Menschen mit geistiger Behinderung / hrsg. von der Bundesvereinigung Lebenshilfe für Menschen mit geistiger Behinderung e.V. – Limburg : Lahn-Verlag, 1999
ISBN 3-7840-3180-3

© 1999 Lahn-Verlag, Limburg
Lektorat: Ursula Mock
Umschlaggestaltung: Jürgen Weber
Umschlagfoto: Engelbert Tauscher
Umschlaglitho: Limburger Offsetdruck
Notensatz: Nikolaus Veeser, Schallstadt
Satz: Schröder Media, Dernbach
Druck und Bindung: Koninklijke Wöhrmann, Zutphen
Printed in The Netherlands
Abdruck nur mit Genehmigung.

ISBN 3-7840-3180-3

Inhalt

Vorwort	9
Zielgruppe	9
Konzeption	9
Didaktische und methodische Hinweise	12
Beteiligung der Eltern	12

A. Vorbereitung auf Erstkommunion, Firmung und Konfirmation

Allgemeine Hinweise

»Unterrichts«-gestaltung	14
Elternbeteiligung	15
Verwendung der Bausteine	16

Erster Themenkreis: Gott sagt ja zu mir

1. Themenfeld: Ich bin ich 17

Hören	17
Sehen	18
Fühlen und Berühren	19
Schmecken	20
Riechen	20

2. Themenfeld: Gott hat mir mein Leben geschenkt 21

Gehalten werden	21
Leben in mir spüren	21
Gott gibt mir Raum zum Leben	22
Freude und Dank	22

3. Themenfeld: Ich bin wertvoll 24

Mich selbst annehmen (Ich-Gefühl)	25
Menschen sorgen sich um mich (Du-Gefühl)	25
Sich einander vertraut machen (Wir-Gefühl)	26

4. Themenfeld: Gott hat mich bei meinem Namen gerufen 27

Ich bin von Gott angenommen und werde von ihm wahrgenommen (Taufe)	27
Gott sorgt sich um mich (Guter Hirte)	28
Ich antworte Gott (Beten)	28

Inhalt

Zweiter Themenkreis: Gott begleitet mich auf meinem Lebensweg

1. Themenfeld: Ich bin nicht allein. Ich erlebe andere Menschen 29

Menschen sorgen für mich 29
Andere Menschen mögen mich 29
Ich habe Freunde 30
Mein Platz in der Kirche 30

2. Themenfeld: Gott ist immer bei mir. Jesus ist mein Freund 31

Unter Gottes Segen leben 31
Gott ist meine Hilfe 32

3. Themenfeld: Ich lebe mit anderen 34

Wir lernen uns kennen 34
Wir sind verschieden. Jede(r) von uns ist besonders und einmalig 35
Wir gehören zusammen 35
Wir brauchen einander 36

4. Themenfeld: Ich lebe in einer Welt 38

Gottes Erde, Grund zum Leben 38
Wasser ist Teil von Gottes Erde 38
Luft zum Leben 39
Erde ist Gottes Erde 39
Erntedank, Sattwerden 39
Mitgeschöpfe: Pflanzen, Bäume, Tiere 39
Schöpfung bewahren 40

Dritter Themenkreis: Jesus lädt mich ein

1. Themenfeld: Ich lerne Jesus kennen 41

Jesus ist das Licht der Welt 41
Jesus macht die Menschen heil 42
Jesus erzählt von Gott, dem Vater 42
Wir beten mit Jesus 42
Jesus handelt wie Gott will 42
Jesus zeigt uns, wie wir handeln sollen 43
Jesus ist immer bei uns 43
Jesus geht den Weg zum Kreuz 43
Jesus ist auferstanden. Jesus lebt 43

2. Themenfeld: Jesus lädt alle ein 45

Jesus Christus will Gemeinschaft mit allen Menschen, er lädt auch mich ein 45
Ich lebe in der Gemeinschaft mit allen, die zu Jesus gehören 45
Jesus ist durch den Geist Gottes immer bei uns 45
Gottes Geist wirkt durch die Menschen in dieser Welt 45

3. Themenfeld: Wir feiern gemeinsam mit Jesus 46
   Ich gehöre zu Jesus 46
   Festvorbereitung 47
   Bestandteile einer Feier 47
   Ein Fest feiern 47
   Wir feiern Abendmahl/Kommunion 47

B. Gottesdienstbeispiele

Erstkommunion 49

Firmung 53

Konfirmation 58

C. Bausteine – Materialien

Lieder = L 63

Texte = T 97

Arbeitshilfen = A 116

Medien = M 136

D. Quellen- und Copyrightnachweise

Lieder 138

Texte 139

Arbeitshilfen 139

Biographische Angaben 141

Vorwort

Die Bundesvereinigung Lebenshilfe für Menschen mit geistiger Behinderung e.V. legt eine Arbeitshilfe zur religiösen Bildung für Kinder und junge Erwachsene vor. Diese dient insbesondere der Vorbereitung auf Erstkommunion, Firmung und Konfirmation. Erstmals ist es dabei gelungen, Material zu erarbeiten, das in ökumenischer Offenheit und gemeinsamer Verantwortung entwickelt und zusammengestellt wurde. Die Mitglieder der Projektgruppe gehören der evangelischen bzw. der katholischen Kirche an und sind erfahren in der – auch konfessionenübergreifenden – Arbeit mit geistig behinderten Menschen.

Mit der Arbeitshilfe soll ein Zeichen gesetzt und der Hoffnung Ausdruck verliehen werden, dass im kirchlich verantworteten Unterricht mit heranwachsenden Menschen das Verbindende und Gemeinsame des christlichen Glaubens Schwerpunkt und Ziel werden kann.

Zielgruppe

Die Arbeitshilfe wendet sich an alle interessierten Personen beider christlichen Konfessionen, die sich an der Vorbereitung auf die kirchlichen Ereignisse im Leben der jungen Menschen beteiligen möchten: Pfarrerinnen und Pfarrer, Diakoninnen und Diakone, Lehrerinnen und Lehrer, Katechetinnen und Katecheten, Eltern sowie jugendliche Begleiterinnen und Begleiter und andere.

Das Material ist größtenteils in der Arbeit mit geistig behinderten Menschen erprobt. Ausdrücklich soll darauf hingewiesen werden, dass mit dieser Arbeitshilfe zum gemeinsamen Unterricht von behinderten und nichtbehinderten Kindern und Jugendlichen ermutigt werden soll. Wer in einer integrativen Gruppe unterrichtet, findet hier Beispiele und Anregungen, die es ermöglichen, geistig behinderte Menschen in den Unterricht einzubeziehen. Die Konzeption ist bewusst so angelegt, dass ein Lernen für alle möglich und intendiert ist. Das Material ist geeignet, Menschen ohne und mit geistiger Behinderung gleichermaßen die Inhalte des christlichen Glaubens auf elementare Weise zu erschließen.

Religiöse Erziehung kann nicht ohne Beziehung zu Familie und Gemeinde gelingen. Darum ist es für die Gruppe der jungen Menschen und die Unterrichtenden wichtig, dass es zu einer frühzeitigen Zusammenarbeit kommt zwischen den Personen, die den Unterricht gestalten, der Gemeinde und den kirchlichen Amtsträgern, die an der abschließenden kirchlichen Feier maßgeblich beteiligt sind. Um eine Zusammenarbeit der verschiedenen Erziehungsbereiche zu ermöglichen, sollten Eltern und Erzieher/innen von Anfang an in den Lernprozess einbezogen werden. Sie können einerseits das Erfahrene und Erlebte der Kinder nachvollziehen, andererseits eine neue Einstellung zum eigenen Glauben gewinnen.

Konzeption

Voraussetzungen

Die Vorbereitung auf die Erstkommunion, Konfirmation oder Firmung erfordert eine Beschäftigung mit sehr komplexen religiösen Themen. Um sie gezielt und verständlich vermitteln zu können, müssen ihre zentralen Aussagen und grundlegenden Inhalte elementarisiert werden. Das gilt sowohl für die Unterrichtenden als auch für die Lerngruppe. Dies ist eine große und schwierige Aufgabe, die aber für den Vermittlungsprozess unverzichtbar ist. Lässt man sich darauf ein, kann das für die eigene Erkenntnis und den eigenen Glauben sehr wertvoll werden.

Elementarisierung bedeutet auch, die Themen und Inhalte auf die Lebenssituation der jungen Menschen zu beziehen. Darum ist diese Arbeitshilfe nicht von den traditionellen Stichworten »Taufe«, »Firmung/Konfirmation«, »Messe/Gottesdienst« oder »Abendmahl/Eucharistie« her aufgebaut, sondern geht von den Adressaten und ihrer Lebenswirklichkeit aus (erfahrungsorientiertes Lernen). Religiöse Bildung soll den Heranwachsenden helfen, sich selbst und die anderen als von Gott geliebte Menschen wahrzunehmen und anzuerkennen und ihr Leben in dieser Gewissheit und Zuversicht zu gestalten. Darum ist es eine wichtige Aufgabe, den Kindern und Jugendlichen zur Wahrnehmung ih-

Vorwort

rer Person mit allen Fähigkeiten und Grenzen zu verhelfen. Das Erkennen des/der anderen in ihrer je individuellen Besonderheit und die Freude an der Gemeinschaft kommen als weitere Lernziele hinzu. Taufe, die Feier von Gottesdienst und Andachten, sowie das gemeinsame Mahl, auch in seiner liturgisch geprägten Form, erscheinen in diesem Zusammenhang als Ausdruck der Freude an von Gott geschenktem Leben und als Möglichkeit, Gottes Zuwendung zu mir und allen Menschen zu erleben.

Struktur

Die Arbeitshilfe ist nicht curricular strukturiert, will somit auch keinen »Jahresplan« für den Ablauf des Konfirmanden-/Kommunion- oder Firmunterrichts vorlegen. Sie versucht vielmehr, mit Bausteinen zu verschiedenen Themen den Unterrichtenden die Möglichkeit zu geben, einen eigenen, auf die jeweilige Gruppe zugeschnittenen Unterrichtsplan zu erstellen.

Die Themen (Bausteine) überschneiden einander in den Inhalten und können darum nicht immer so klar voneinander getrennt werden wie es die lineare Abfolge einer Arbeitshilfe erscheinen lässt. Es ist eher so, dass sie wie drei sich überschneidende Kreise anzusehen sind, die eigene Bereiche, Berührungspunkte und Schnittmengen haben. Dabei ist die Verbindung der drei Themenkreise unaufgebbar. An welchem Punkt auch der Unterricht ansetzt, er zielt immer auf die beiden jeweils anderen Inhalte und weist so über sich selbst hinaus. Gelegentliche Doppelungen von Themen und Materialien sind darum nicht zufällig, sondern sichtbarer Ausdruck des Ansatzes dieser Konzeption:

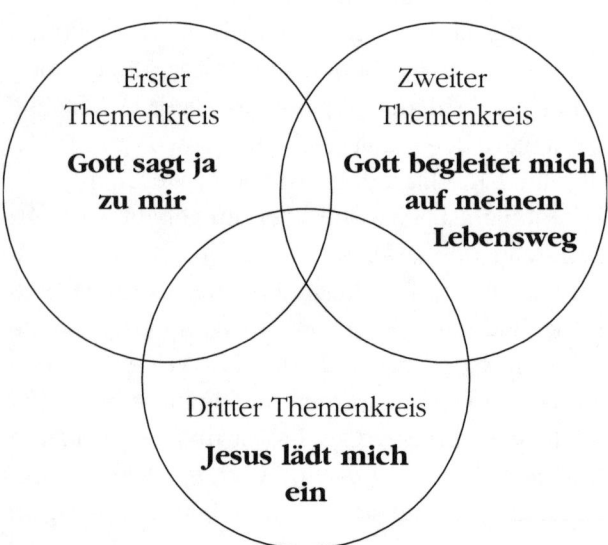

Diese drei Kreise weisen auf die elementaren Inhalte des kirchlichen Unterrichts hin. Sie teilen sich in jeweils vier Themenfelder auf und sind so aufgebaut, dass das erste Themenfeld die Grundaussage des Kreises sozusagen im Kern enthält. Sie wird in den drei weiteren Themenfeldern entfaltet. Das »Lernziel« eines Themenkreises ist somit nicht erst erreicht, wenn die Kinder und Jugendlichen das vierte Feld »bearbeitet« haben, sondern schon dann, wenn sie die Aussagen des ersten Feldes erlebt und seine Bedeutung für sich selbst erfahren haben.

Die spezifischen Schwerpunkte der einzelnen Themenkreise mit den dazugehörigen Bildungszielen sollen im Folgenden erläutert und dargestellt werden.

Erster Themenkreis: Gott sagt ja zu mir

1. Themenfeld: Ich bin ich
2. Themenfeld: Gott hat mir mein Leben geschenkt
3. Themenfeld: Ich bin wertvoll
4. Themenfeld: Gott hat mich bei meinem Namen gerufen

Es gehört zu den grundlegenden Aufgaben auch der religiösen Bildung, den heranwachsenden Menschen zu befähigen, sich selbst zu erfahren und ein Bild seiner selbst zu entwickeln. Für diese Identitätsbildung bietet der christliche Glaube mit dem Gedanken der Gottebenbildlichkeit des Menschen Hilfe und Orientierung an. Nach dem Schöpfungsbericht der Priesterschrift wird der Mensch zum *Ebenbild Gottes* geschaffen (Gen 1,27) und bestimmt. Daraus ergeben sich für das Selbstverständnis des Menschen folgende Aspekte:

Zunächst wird betont, dass der Mensch sich und sein Leben dem schöpferischen Handeln Gottes verdankt, nicht etwa seiner eigenen Leistung. Zu dieser *Geschöpflichkeit* gehört auch, dass sein Leben endlich und begrenzt ist. Schwachheit, Ohnmacht und Hilflosigkeit sind also ebenso Teil des Lebens wie das Erleben von Stärke, Kraft und Begabungen. In beidem lebt der Mensch aus der Hoffnung auf Überschreiten (Trans-zendieren) der erfahrenen Grenzen auf Zukunft hin.

Des Weiteren wird die *Beziehung zu Gott* als dem Schöpfer grundlegend für das Verständnis von Menschsein. Das Personsein des Menschen, seine Würde und sein Wert sind durch das Angesprochensein des Menschen durch Gott und dem daraus folgenden Anspruch gegeben; sie entziehen sich damit jedem menschlichen Definitionsversuch. Menschliches Leben erscheint dann »gelungen«, wenn es im Dialog und Gespräch mit Gott als Antwort auf dessen Anrede und Zuwendung gelebt wird. In diese Antwort ist jeder Mensch gerufen, unabhängig von seinen geistigen oder körperlichen Möglichkeiten.

Zweiter Themenkreis: Gott begleitet mich auf meinem Lebensweg
1. Themenfeld: Ich bin nicht allein. Ich erlebe andere Menschen
2. Themenfeld: Gott ist immer bei mir. Jesus ist mein Freund
3. Themenfeld: Ich lebe mit anderen
4. Themenfeld: Ich lebe in einer Welt

Im Gedanken der Gottebenbildlichkeit ist neben der Beziehung zu Gott auch die *Beziehung zum anderen Menschen* angelegt. Von Anfang an sind die Menschen in ihrer Verschiedenheit von Gott aneinander gewiesen. »Der Mensch wird am Du zum Ich« (Martin Buber). Buber weist ebenso darauf hin, dass Grund und Ziel menschlicher Ich-Du-Beziehungen die Beziehung zum »Ewigen Du« ist.
Die Begegnung mit dem anderen Menschen gehört also konstitutiv zur religiösen Bildung. In ihr und durch sie lässt sich auch die Begegnung mit Gott gestalten und erfahren.
In jedem Unterricht wird die Wahr-Nehmung des anderen in seiner Besonderheit und Verschiedenheit zu einer wichtigen Aufgabe. Sie ist Grundlage für Verständigung, Dialog und Kooperation. Dabei ist von der Einmaligkeit jedes Einzelnen als Gottes Ebenbild auszugehen und die Verschiedenheit der Individuen als grundlegendes Bildungselement zu betrachten. Schon aus diesem Grund muss auf den Versuch der Homogenisierung einer Lerngruppe (etwa im Sinne einer gesonderten kirchlichen Erziehung geistig behinderter Menschen) verzichtet werden.
Begegnung geschieht im Miteinander-Leben und -Erleben. So bekommt auch die Gestaltung helfender Beziehungen, das Annehmen von Hilfe und das Anbieten von Hilfeleistungen, einen hohen Stellenwert. Am Leben Jesu lässt sich erkennen, wie das möglich ist, und mit dem Gebot der Nächstenliebe sind für das gemeinsame Leben elementare Orientierungen gegeben.

Dritter Themenkreis: Jesus lädt mich ein
1. Themenfeld: Ich lerne Jesus kennen
2. Themenfeld: Jesus lädt alle ein
3. Themenfeld: Wir feiern gemeinsam mit Jesus

Die christliche Gemeinde gründet sich in ihrem Glauben auf Jesus Christus, den sie als ihren Herrn bekennt.
Jesus hat seine Botschaft von der nahen Gottesherrschaft den Menschen in ihrem alltäglichen Leben gesagt und sie in seinem Reden und Handeln erfahrbar werden lassen. Im Zentrum seiner Verkündigung steht die unbegreifliche Güte Gottes, die zu einer neuen Lebensordnung führt. An die Stelle von Verdienst und Vergeltung tritt die Güte Gottes, die alle Menschen empfangen und der Gerechtigkeit im herkömmlichen Sinn untergeordnet wird.
Erfahrbar wird diese grundlose Güte Gottes im Wirken Jesu. Es entspricht seiner Botschaft, dass er sich in besonderer Weise jener Menschen annahm, die in ihrer Gesellschaft und Nachbarschaft als Sünder verschrien waren, als Außenseiter galten und als Randgruppe behandelt wurden. In seiner Gesellschaft finden sich bevorzugt Menschen, die ihr Leben aus verschiedenen Gründen nicht voll verwirklichen können und auf Hilfe angewiesen sind. Er geht zu diesen Menschen, sucht sie an ihrem jeweiligen Lebensort auf und hält Tischgemeinschaft mit ihnen. Das gemeinsame Essen und Trinken kann als symbolische Handlung verstanden werden, die das Heil Gottes erfahrbar macht und darin Umkehr und Neubeginn ermöglicht.
Auf diesem Hintergrund muss es ein Grundanliegen religiöser Bildung sein, diese Botschaft den Heranwachsenden in gleicher Weise zu vermitteln. So ist dieser dritte Themenkreis Ausgangs- und Zielpunkt der Arbeitshilfe zugleich. Von ihm her bestimmen sich die Zielrichtungen der beiden ersten Kreise, und auf ihn laufen sie zu. Dabei kommt es auch hier darauf an, dass die Nähe und Freundlichkeit Gottes, die Jesus in seinem Leben den Menschen nahe gebracht hat, den Heranwachsenden erlebbar gemacht werden; sie müssen innerhalb der beiden ersten Themenkreise ihre Bedeutung gewinnen und dürfen nicht unabhängig und losgelöst von ihnen vermittelt werden.

Vorwort

Didaktische und methodische Hinweise

Religiöse Erziehung, die von der Einmaligkeit und Besonderheit des einzelnen Menschen ausgeht, muss dies im konkreten Lernprozess erfahrbar werden lassen. Hier hört und erlebt der junge Mensch, dass er bejaht und gewollt ist. In der Begegnung mit den Unterrichtenden sowie in der Gestaltung des Unterrichts erfahren die Schülerin und der Schüler, dass der Unterricht sie persönlich meint.

Ein solcher Unterricht geht von den je spezifischen Lebenssituationen der jungen Menschen aus und ist darin erfahrungsorientiert. Wer seine Lebenserfahrungen mit anderen teilt, der wird erzählen: von Freude und Glück, von neuen Anfängen und vom Staunen, aber auch von Scheitern, Verlust, Schuld und Versagen, von versagten Wünschen, von Krankheit und Tod. Er wird auch zum Ausdruck bringen, wie er sich sein Leben wünscht und vorstellt.

Der Unterricht wird darum der Freude und der Trauer Ausdruck geben, zur Klage und zur Dankbarkeit ermuntern und zum Träumen ermutigen. Die Lebensgeschichten der Bibel können die eigenen Lebensgeschichten deuten und überschreiten. Sie können zum Leben anleiten. Dies geschieht im Hören, vor allem aber auch im Ausprobieren und Erleben. Wenn Geschichten gespielt und die Rollen selbst erlebt, in Liedern und Tänzen nachvollzogen und gestaltet werden, werden sie Teil der Gegenwart, bieten Alternativen zum eigenen Erleben und Bereicherung.

Dabei kommt es besonders darauf an, dass die Atmosphäre und die Gestaltung des Unterrichts insgesamt diese Ziele unterstützen und fördern und dass das Lernen ganzheitlich geschieht. Damit ist die Erfahrung beschrieben, dass Menschen sich ihre Umwelt und die wesentlichen Erkenntnisse ihres Lebens nicht nur über Begriffe oder über Sprache erschließen, sondern handelnd mit allen Sinnen.

Wir sind als Menschen mit vielerlei Sinnen ausgestattet, mit denen wir uns selbst und unsere Umwelt wahrnehmen und erkennen können. Diese Sinne sind bei jedem Menschen unterschiedlich stark entwickelt und ausgebildet, und es gelingt uns unterschiedlich gut, unsere Sinne einzusetzen, sie für uns nutzbringend zu verwenden. Auch sind die Dinge, Menschen und Erfahrungen nicht alle gleich gut geeignet, mit den von uns am besten entwickelten Sinnen wirklich wahr- und aufgenommen zu werden. Die Arbeitshilfe versucht deshalb, die Themen mit ihren verschiedenen Aspekten so zu entfalten, dass Menschen mit unterschiedlichen Fähigkeiten in die Lage versetzt werden, sich mit den Themen zu beschäftigen, deren Grundaussagen zu erleben und zu erfahren.

In den dargestellten Beispielen und Angeboten geht es deshalb auch weniger um das Erlernen bestimmter Erkenntnisse und deren Verständnis im Sinne von sprachlich vermittelten Weisheiten. Der Weg der Vermittlung führt mehr über das gemeinsame Handeln, das Miteinander-Tun und -Erleben. Die einzelnen Themen werden mit Hilfe vielseitiger Methoden erschlossen. Das soll anregen, die Inhalte gemeinsam zu erleben.

Beteiligung der Eltern

Unterricht, der sich auf den ganzen Menschen in seiner Lebenssituation bezieht, kann nicht auf den (Zeit-)Raum des Unterrichtens beschränkt bleiben. Es ist darum besonders darauf zu achten, Eltern und Erzieher/innen in den Prozess der religiösen Bildung mit einzubeziehen. Dazu ist es wichtig, sie von Anfang an über Inhalte, Methoden und Erfahrungen im gemeinsamen Lernen der Gruppe zu informieren. So gewinnen die Eltern und Erzieher (wieder) Zugänge zu religiösen Grunderfahrungen und können diese mit ihren Kindern teilen und austauschen.

Durch Elternabende und persönliche Gespräche können Eltern eingeladen werden, den religiösen Lernprozess ihrer Kinder aktiv zu unterstützen. Mit ihnen zusammen werden die individuellen Lernbedingungen und -möglichkeiten der Kinder und Jugendlichen herausgefunden. Sie werden ermutigt, den Unterrichtsprozess hospitierend oder mitwirkend zu begleiten und ihn im Alltagsleben zu Hause vertiefend aufzugreifen.

Eine große Bedeutung kommt der Mitwirkung der Eltern bei Freizeiten zu. Hier können sie auch ihre Kinder in neuer Umgebung und in anderen Lebenszusammenhängen als im Alltag erleben.

Wünschenswert ist in jedem Fall, die Eltern in die Vorbereitung und Gestaltung des Festgottesdienstes einzubeziehen. Dazu sei auf die Hinweise in Teil B (Bausteine, Materialien) verwiesen.

A. Vorbereitung auf Erstkommunion, Firmung und Konfirmation

Allgemeine Hinweise

»Unterrichts«-gestaltung

Für die Gestaltung des Unterrichts ist es wichtig, dass die jungen Menschen erkennen können, dass sich der Unterricht von Schulunterricht unterscheidet (besonders, wenn er in der Schule stattfindet). Es hat sich bewährt, den Unterricht in einer Kirche oder in kirchlichen Räumen stattfinden zu lassen, wenn dies organisatorisch möglich ist. Ein Ortswechsel in einen sakralen oder besonders gestalteten Raum lässt deutlich erfahren, dass es um eine andere Erlebenswelt und andere Inhalte geht als im Schulalltag.

Für die Arbeit hat es sich bewährt, einen vertrauten Rahmen mit sich wiederholenden Elementen in der Gestaltung des Ablaufs der Treffen und Unterrichtsstunden zu schaffen und beizubehalten. Die immer gleichen Elemente, die Wiederholungen und die gleiche Reihenfolge helfen bei der Orientierung und Schaffung einer vertrauensvollen Atmosphäre. Sie vermeiden verunsichernde Situationen und immer wieder neues Einlassen auf das Geschehen bei den ja nicht von Tag zu Tag stattfindenden Treffen.

Da die Unterrichtsgruppe und die Unterrichtenden sich in der Regel nicht täglich sehen, gibt es immer Bedarf, vor Beginn des Unterrichts für alle die Gelegenheit zu geben, spontane Eindrücke, aktuelle Erlebnisse und Sonstiges mitteilen zu können.

Wichtig ist, dass der Beginn mit wenigen deutlichen und einfachen stehenden Elementen gesetzt wird, die sich nicht zu leicht »abnutzen« und sich auch wirklich bei jedem Treffen wiederholen können. Davon sollte man, wenn überhaupt, möglichst nur in ganz wenigen Ausnahmefällen abweichen. Diese Elemente sprechen verschiedene Sinne an und bieten die Gelegenheit zum Mittun für möglichst alle in der Gruppe.

Die Anregungen haben sich in verschiedenen Gruppen bewährt, können für sich genommen, kombiniert, gekürzt und verändert werden. Bei der Auswahl ist immer darauf zu achten, ob die jungen Menschen darauf positiv und nicht abwehrend reagieren (z. B. bei Feuer, Geräuschen, Berührungen o. Ä.).

Inhalte	Hinweise	Praxis
Anfang	Klang	• Ganz am Anfang kann ein natürlich erzeugter Klang stehen, der langsam abklingt und leiser wird: z. B. Glocke (nicht zu klein), Klangschale, Gong.
	Licht	• Entzünden einer großen Kerze (vielleicht von der Gruppe verziert, gestaltet und benannt: »Jesus«-Kerze).
	Spruch	• Gemeinsam gesprochener kurzer Spruch oder gesungener Vers (kann auch mit dem Entzünden der Kerze in Zusammenhang gebracht werden), z. B.: »Jesus Christus spricht: ich bin das Licht der Welt.«
	Lied	• Gemeinsam singen, möglichst mit Instrumentalbegleitung (Klavier, Gitarre, Flöte o. a.): Liedvers oder kurzes Lied (wenig Text oder sich wiederholender Text), z. B.: Du hast uns, Gott (Herr), gerufen (L 1), Kommt alle und seid froh (L 2), Jesus hat die Menschen lieb (Variation zu L 3), Jesus lädt die Menschen ein, Halleluja (Variation zu L 3),
	Kerzen	• Jesus hat den Thomas lieb, Halleluja (Variation zu L 3). Dazu wird eine Kerze für Thomas angezündet.
		• Für jedes Gruppenmitglied eine eigene Kerze, die bei jedem Treffen (selbst) angezündet wird, oder für jedes Treffen eine Kerze (Teelicht), so dass nach und nach ein großer Kreis um eine große Kerze (s. o.) in der Mitte entsteht.
Schluss	Gebet	• Gemeinsam gesprochenes (oder gesungenes) Vaterunser (evtl. mit Gebärden) (A 1).
	Lied	• Gemeinsam singen, möglichst mit Instrumentalbegleitung (Klavier, Gitarre, Flöte o. a.): Liedvers oder kurzes Lied (wenig Text oder sich wiederholender Text), z. B.: Wenn wir jetzt weitergehen (L 4).

Elternbeteiligung

Nachdem die jungen Menschen zur Vorbereitung auf die Erstkommunion, Konfirmation oder Firmung angemeldet sind, ist Kontakt mit den Eltern aufzunehmen. Den ersten persönlichen Kontakt kann ein Elternabend herstellen.

Die Eltern haben unterschiedliche Gründe für die Anmeldung ihres Kindes zum Unterricht. Oft spielen die Tradition in der Familie oder die Gemeinde eine wichtige Rolle. Für andere Eltern gehört religiöses Leben zu ihrer Lebensgestaltung.

In jedem Fall sollen die Eltern dabei erfahren, dass ihr Kind als getaufter Christ ein Anrecht auf die volle Teilnahme am Leben der Kirche und Gemeinde hat.

Im Folgenden werden beispielhaft zwei Elternabende vorgestellt:

Für den ersten Elternabend wird der Raum mit Kerzen und Blumenschmuck hergerichtet, damit eine freundliche Atmosphäre entsteht. Die Eltern werden begrüßt. Sie stellen sich einander in einer Vorstellungsrunde vor.

Nun wird der Ablauf des Unterrichts besprochen und das Arbeitsmaterial vorgestellt. Besonders wichtig ist es, auf die Bedeutung der Sakramente bzw. der Konfirmation hinzuweisen. Den Eltern soll bewusst werden, dass die Kirche und Gemeinde sich mit ihnen freuen, dass ihr Kind ein Recht auf den Empfang der Sakramente bzw. der Einsegnung hat. Unabhängig von Art und Schwere seiner Beeinträchtigung soll darum jedes Kind an der Vorbereitung teilnehmen.

Durch diese Hinweise sollen Eltern motiviert werden, selbst aktiv an der Vorbereitung mitzuwirken. Einige können als Katechet/Katechetin eine Kleingruppe vorbereiten.

Für den zweiten Elternabend wird im vorbereiteten Raum ein Stuhlkreis gestellt, in der Mitte steht eine Kerze, ein Blumenstrauß und evtl. eine große Bibel. Auf einem Tisch werden viele Bildkarten mit biblischen Motiven unterschiedlichster Themen ausgelegt. Jeder Teilnehmer wählt sich eine Karte aus und kommt damit in den Stuhlkreis. Ein Lied (z. B.: »Wo zwei oder drei in meinem Namen versammelt sind«, L 17) wird gemeinsam gesungen. Der Gesprächsleiter bittet nun die einzelnen Teilnehmenden, ihre Karte zu zeigen und diese Wahl zu begründen. Daraus kann sich ein gutes Gespräch über den Glauben, die Ängste und Sorgen, aber auch die Hoffnung und den Mut der Eltern entwickeln, wozu sie in der Regel selten Gelegenheit haben.

Nach einer meditativen Musik können anstehende Fragen erörtert werden, die Unterrichtenden erzählen vom Stand der Vorbereitung.

Gegen Ende der Unterrichtszeit sollte rechtzeitig ein Elternabend angeboten werden, bei dem der Ablauf des Festgottesdienstes (siehe dazu Kapitel B), aber auch die Gestaltung der Familienfeier im Mittelpunkt stehen. Möglichst umfassend sollten die Kinder bzw. Jugendlichen in die Vorbereitung des Festes einbezogen werden. Sie können mitentscheiden, welche Gäste eingeladen werden und vielleicht Einladungskarten erstellen. Auch beim Festessen und bei den Geschenken sollten die Wünsche der »Hauptpersonen« berücksichtigt werden.

Ein Hausbesuch bei den Familien der an der Vorbereitung teilnehmenden Kinder/Jugendlichen bietet eine große Chance, einander persönlich besser kennen zu lernen und ist unbedingt zu empfehlen.

Wenn die Kinder durch eine/n Seelsorger/in oder die Schule vorbereitet werden, können Eltern eingeladen werden, nach Absprache hin und wieder den Unterricht zu besuchen, um durch die *Hospitation* selbst tiefer in die Vorbereitung hineinzufinden. Vorstellbar ist auch, dass sie bei verschiedenen Aktionen, wie sie im Verlauf dieser Arbeitshilfe vorgestellt werden, aktiv mitwirken.

Wünschenswert ist ebenfalls, die Eltern in die Vorbereitung und Gestaltung des *Festgottesdienstes* einzubeziehen.

Beteiligung der Eltern bei Vorbereitung und Gestaltung des Festgottesdienstes:

Riten, Symbole und Formen des Gottesdienstes sind vielen Eltern fremd geworden. Rechtzeitig müssen darum in einem eigenen Elternabend zum Thema Festgottesdienst sowohl dessen Ablauf als auch die Bedeutung der gottesdienstlichen Inhalte und Symbole erläutert werden (vgl. dazu A 19).

Dabei ist großer Wert darauf zu legen, die Beziehung der gottesdienstlichen Feier zum konkreten Leben der Eltern und der Kinder aufzuzeigen. Die liturgischen Texte und biblischen Lesungen beziehen sich auf die Lebensfragen der feiernden Menschen. Die Eltern werden eingeladen, mit ihrem

Kind gemeinsam auf Entdeckungsreise zu gehen, um den wunderbaren Schatz der Liturgie als Lebenshilfe für ihr persönliches und familiäres Leben zu erfahren.

Eine Beteiligung der Eltern an der Gestaltung des Gottesdienstes, z. B. als Lektor oder in einer Musik- oder Gesangsgruppe kann angeregt werden. Für die Kinder und Jugendlichen ist die Mitwirkung der eigenen Eltern im Gottesdienst eine Erfahrung von besonderer Bedeutung.

Verwendung der Bausteine

Es sei noch einmal betont: Die nachfolgend angeführten Bausteine sind nicht als Rezepte zu verstehen oder etwa als Jahresthema und Curriculum eines Firm-, Konfirmanden- oder Erstkommunionunterrichts. Vielmehr ist der/die Unterrichtende herausgefordert, entsprechend der konkreten Situation der jeweiligen Lerngruppe einzelne Elemente auszuwählen und mit den Kindern und Jugendlichen zu bearbeiten. Dabei gilt: Weniger ist oft mehr und die Wiederholung bestimmter Elemente kann das Lernen vertiefen und festigen. Es ist allerdings darauf zu achten, den Zusammenhang der drei Kreise nicht aus den Augen zu verlieren und die Verbindung zu anderen Themen zu suchen. Die Auswahl der Bausteine richtet sich nach der *jeweiligen Lerngruppe*. Als Kriterien, die für die Entscheidung zu berücksichtigen sind, können gelten:
- die Lernvoraussetzungen der Kinder/Jugendlichen,
- die Zusammensetzung der Gruppe,
- die Vor-Kenntnisse der Kinder/Jugendlichen (z. B.: Hatten sie vorher Religionsunterricht oder soll der Konfirmanden-, Erstkommunion- bzw. Firmunterricht den gesamten religiösen Bereich abdecken?).

Möglich ist, dass die einzelnen Elemente in verschiedenen Gruppen unterschiedlich wirken und einige erst nach einer längeren Zeit der Anwendung ihren besonderen Reiz und ihre Wirkung entwickeln.

Es ist aber auch von Bedeutung, dass die Auswahl nach den eigenen Möglichkeiten, Grenzen und Empfindungen der *Unterrichtenden* vorgenommen wird. Wichtiger als ein grundsätzlich gutes oder »bewährtes« Element in der Gestaltung der Treffen ist eine Übereinstimmung mit der Persönlichkeit, die es einsetzt. Nur so kann es atmosphärisch in die Situation hinein wirken. Die Arbeitshilfe will die Unterrichtenden anregen, die verschiedenen vorgeschlagenen Elemente und die eigenen vorhandenen auszuprobieren, um festzustellen, welche davon sie selbst gern einsetzen und ihnen gemäß sind.

Insgesamt will die Arbeitshilfe zum Ausprobieren verschiedener Elemente und Methoden ermutigen. Für die Schaffung eines vertrauten Rahmens einer Lerngruppe ist es allerdings wichtig, mit wenigen, ausgewählten und sich wiederholenden Elementen zu arbeiten.

Erster Themenkreis: Gott sagt ja zu mir

1. Themenfeld: Ich bin ich

Mich selbst mit allen Sinnen wahrnehmen: Die Welt, in der wir leben, ist eine sinnliche Welt. Unsere Sinne sind unabhängig von Orten und Kulturen. Über die Zeiten sind sie gleichbleibend. Zudem schaffen sie eine Verbindung zur Vergangenheit. Erinnern wir uns z. B. an die Weihnachtsstube unserer Kindheit, so riechen wir sofort das Wachs der Kerzen; wir sehen den Tannenbaum mit seinem Schmuck; wir hören die Weihnachtslieder; wir schmecken das Weihnachtsgebäck aus Mutters Backofen und sehen die strahlenden Augen der Geschwister. Das bedeutet, dass wir mit unseren Sinnen wahrnehmen und verstehen. Unsere Sinne bereichern uns.

Oft erstarren wir in monotoner, ritualisierter und geschäftiger Routine. Die Freude und die Sinneslust kommen zu kurz, werden unterdrückt oder gar ausgeschlossen. Wir müssen wieder lernen, unsere Umwelt und unser Leben in seiner ganzen Vielfalt über unsere Sinne wahrzunehmen.

Über unsere Sinne finden wir auch Zugang zum Glauben. Lebens- und Glaubensvermittlung gehören eng zusammen. Unsere Sinne richten sich sowohl auf die Innenwelt als auch auf die Außenwelt. Wenn wir Kindern den Glauben vermitteln wollen, gelingt das nur, wenn wir ihnen den Zugang zu sich selbst und der Umwelt ermöglichen. Durch die Wahrnehmung mit den Sinnen nehmen wir Beziehung auf zu uns selbst und zu Menschen, Räumen, Gegenständen und Vorgängen um uns herum. Über unsere Sinne kommen wir auch in Kontakt mit unserem Schöpfer, mit Gott. Diese Wahrnehmungen machen uns neugierig und aufmerksam: auf uns selbst und auf die Außenwelt.

Eben weil unsere Sinne unser Leben so sehr bereichern können, ist es so wichtig, dass sie ausgebildet, sensibilisiert und gefördert werden, wenn wir nicht verkümmern wollen.

In diesem Themenfeld soll den jungen Menschen die Bedeutung der Sinne erschlossen werden. Gleichzeitig erfährt jeder und jede, wie wunderbar er/sie von Gott geschaffen ist. Über das Hören und Sehen, das Fühlen, Schmecken und Riechen soll unser Herz geöffnet werden für das großartige Wirken Gottes in der Welt und an uns.

Inhalte	Hinweise	Praxis
Hören	Aktiv hören, hinhören kann ich nur, wenn ich ruhig, still werde.	• Wir sitzen im Kreis und werden ganz still. Wir hören nur noch unseren eigenen Atem.
	Stille bewusst aushalten.	• Im Kreis ist eine brennende Kerze, die wir schweigend betrachten.
	Musik hören; Stimmen hören; meinen Namen, Geräusche hören.	• Alle Geräusche hören, die an unser Ohr dringen. • Jeder sagt, welches Geräusch er gehört hat (Tierlaute, Geräuschkassette: Zwitschern der Vögel, Bellen des Hundes; Motor eines Autos). Mit einem Stethoskop den eigenen und den Herzschlag des Nachbarn wahrnehmen.
	Staunen, dass wir hören können.	• Einige nehmen sich ein Instrument und verteilen sich an verschiedenen Plätzen im Raum. Einem werden die Augen verbunden. Er hört nun, woher das erste Instrument erklingt, und geht dort hin. Ist er angekommen, erklingt das nächste Instrument. Nun geht er in diese Richtung, bis er angekommen ist (in Variationen wiederholen).

1. Themenfeld: Ich bin ich · Erster Themenkreis: Gott sagt ja zu mir

Inhalte	Hinweise	Praxis
		• »Wer war's?« Wir sitzen im Kreis; einer sitzt mit geschlossenen Augen in der Mitte. Ein Zweiter gibt Laute mit seiner Stimme von sich. Der in der Mitte hört, wer die Laute gemacht hat, und nennt dessen Namen bzw. zeigt auf ihn. • Jeder in der Gruppe spielt nun auf einem Orff-Instrument einen Klang. Er spielt verschiedene Melodien, und wir erkennen daraus: Traurigkeit, Freude, Heimweh, Sommer, Urlaub, Herbst, Weihnachten, Ostern usw. • Malblätter: Wir malen, was wir hören können. • Fingerspiel: Regen: mit den Fingern auf den Tisch klopfen; es schüttet: Handflächen auf den Tisch patschen; es hagelt: mit den Knöcheln trommeln.
	Ich staune, dass ich hören kann und ich danke Gott.	• Gebet: Ich kann hören (T 1).
Sehen	Mit den Augen nehme ich die Welt um mich herum wahr.	• Wir sitzen im Stuhlkreis, der Raum ist dunkel. Wir nehmen Gegenstände dennoch wahr, indem wir sie ertasten. • Eine Taschenlampe leuchtet auf. Wir sehen und benennen, was die Taschenlampe anstrahlt (isoliertes Sehen).
	Was ist, wenn meine Augen geschlossen sind?	• Wir stellen verschiedene Gegenstände in die Mitte. Wir schließen die Augen und versuchen, ob wir die Gegenstände noch sehen können. • Spiel: »Ich sehe was, was du nicht siehst!« • Spiel: Mit Hilfe eines Stocks am Teppich entlang den Weg finden (Blindenspiel). • Beobachtungsspiel: Ein Gruppenmitglied geht aus dem Raum, nachdem es sich alle Anwesenden genau angeschaut hat. Zwei tauschen z. B. die Jacke oder ein anderes Kleidungsstück. Nun kommt der andere wieder in den Raum zurück und zeigt oder sagt, was sich verändert hat. Frage: Wie hast du die Veränderung herausgefunden? (Bedeutung des Sehens bewusst machen.)
	Ich freue mich über alles Geschaffene. Wir sehen Schönes und Hässliches.	• Wir schauen Dinge an, die schön sind, und benennen sie (Folienbilder/Lichtbilder betrachten). • Wir schauen Dinge an, die hässlich sind, und benennen sie (dto.). • Wir sprechen darüber: Was ist schön? Was ist hässlich?
	Ich sehe nicht nur mit den Augen.	• Wir verbinden unsere Augen; wir ertasten uns und nehmen uns wahr. • Lied: Ich stehe hier und staune, 1. Strophe (L 5).
	Was wir sehen, berührt unser Herz.	• Geschichte vom kleinen Prinzen und dem Fuchs (T 2) lesen, erzählen, spielen.
	Ich staune, dass ich sehen kann und ich danke Gott	• Gebet: Ich kann sehen (T 3).

Erster Themenkreis: Gott sagt ja zu mir   1. Themenfeld: Ich bin ich

Inhalte	Hinweise	Praxis
Fühlen und Berühren	Ich nehme durch Berühren Kontakt zu mir und zu meiner nächsten Umgebung auf.	• Wir sitzen im Kreis und betasten mit den Händen verschiedene Oberflächen: Papier, Fell, Kleidung, Sand, Eiswürfel, Steine, Holz usw. • Nun ziehen wir die Schuhe aus und fühlen mit den Füßen die unterschiedlichen Oberflächen. (Es gibt Körperteile, mit denen wir besser fühlen können als mit anderen.) • Partnerspiel: Einer schält eine Apfelsine. Der andere steht hinter ihm und führt dabei seine Hände. (Evtl. Vorübung: Ich bewege deine Hände.) • Wir legen die Hände in eine Schale mit Körnern. Wir lassen Körner über unsere Hände rieseln. Wir mahlen Körner zu Mehl. Wir fühlen das Mehl. Frage: Wie fühlt sich Korn an, wie fühlt sich Mehl an?
	Ich zeige meine Zuneigung und Abneigung durch Berühren.	• Wir streicheln ein Kuscheltier: Wie fühlt es sich an? • Wir fühlen und berühren Blechspielsachen, Stacheldraht usw.: Wie fühlen sich diese Gegenstände an? (Unterschied zum Kuscheltier benennen.)
	Fühlen ist auch Schutz. Wer nicht fühlen kann, lebt gefährlich.	• Wir fühlen heiße, kalte Gegenstände. (Bewusst machen, dass Fühlen auch schützen kann.) Wir fühlen scharfe, runde, spitze Gegenstände. Was nehmen wir in uns wahr, wenn wir diese verschiedenen Dinge berühren? (Gefühle ausdrücken.) • Denkmalspiel: Einer wird als Denkmal hingestellt. Einer ist der Künstler. Das Denkmal wird nun vom Künstler bearbeitet, verändert: Denkmal, was fühlst du, wenn du berührt wirst? Was geschieht, wenn du verändert wirst? Nimmst du die Veränderung wahr? Was geschieht mit dir? Wie fühlst du dich jetzt? • Wir gehen nach draußen und berühren Gras, Moos, Steine usw. • Wir fühlen verschiedene Erden: Sand, Mutterboden, Lehm usw. • Wir benennen unsere Gefühle dabei: unangenehm, angenehm.
	Wasser erfahren wir als erfrischend und als Reinigungskraft. Wasser trägt.	• Wir berühren stehendes Wasser mit Händen und Füßen. Wenn möglich, gehen wir nach draußen zu einem Brunnen und fühlen fallendes Wasser. Wir lassen uns vom Wasser streicheln. Wir stellen einen Wasserbottich in die Mitte des Raums und streicheln die Wasseroberfläche mit dem Handrücken. Wir tauchen unsere Arme in das Wasser und lassen uns vom Wasser umstreicheln.
	Ich staune, dass ich fühlen kann und ich danke Gott.	• Gebet: Ich kann fühlen (T 4).

1. Themenfeld: Ich bin ich *Erster Themenkreis: Gott sagt ja zu mir*

Inhalte	Hinweise	Praxis
Schmecken	Meine Zunge kann fühlen und schmecken zugleich.	• Wir sitzen an einem Tisch. Eine Hälfte der Gruppe verbindet sich die Augen. Die sehende Hälfte reicht verschiedene Speisen und Getränke, die von ihrem nichtsehenden Gegenüber erraten werden müssen.
	Durch Riechen schmecken. Wir bereiten ein gemeinsames Mahl.	• Wir bereiten Speisen vor: Einige backen Brot, andere bereiten einen Salat. Andere besorgen Obst (Äpfel, Trauben, Nüsse usw.) und verschiedene Getränke. Die vorbereiteten Speisen werden nun gemeinsam verzehrt. Wir versuchen, verschiedene Gewürze an den Speisen herauszufinden.
	Durch Schmecken unterscheiden.	• Einige sitzen am Tisch mit verbundenen Augen. Die Sehenden reichen ihnen ein Stück Schokolade. • Durch Fühlen und Riechen können sie nicht erkennen, ob die Schokolade bitter oder süß ist. Sie müssen schmecken. Dasselbe machen wir mit einem Getränk (Zitronenwasser, Limonade).
	Eine Gruppenfeier; gemeinsames Essen.	• Tischschmuck, Blumen und Kerzen werden vorbereitet. Unser Fest beginnt.
	Ich staune, dass ich schmecken kann und ich danke Gott.	• Gebet: Ich kann schmecken (T 5).
Riechen	Angenehme Gerüche.	• Riech-Memory: Wir gehen durch das Haus. Im Büro riecht es nach ...? In der Küche nach ...? Im Keller nach ...? Wir gehen zurück in den Gruppenraum und versuchen, uns an die Gerüche zu erinnern; wir benennen diese Gerüche. • Wir versuchen, mit verbundenen Augen Brot, Semmeln, Kuchen, Blumen an ihrem Duft zu erkennen.
	Parfüm und verschiedene Duftöle.	• Die unterschiedlichen Gerüche verschiedener Duftöle werden wahrgenommen. Welche Öle duften angenehm? Wie fühle ich mich, wenn ich sie rieche bzw. sie auf meine Haut auftrage?
	Unangenehme Gerüche.	• Wir benennen übel riechende Dinge.
	Gerüche, die warnen.	• Wir benennen Gerüche, die uns warnen.
	Gerüche, die mich an Situationen erinnern.	• In einem Weihrauchfass werden Weihrauchkörner verbrannt. Wonach riecht der Weihrauch? Ist sein Duft eher angenehm oder unangenehm? Welche Erinnerungen werden durch den Weihrauchduft geweckt?
	Natur riechen.	• Bei einem Spaziergang untersuchen wir mit der Nase alles, was uns begegnet (Blumen, Waldboden, Asphalt, Baumrinde). • Wir sammeln Gerüche und nehmen kleine Gegenstände zum »Nachriechen« mit in den Gruppenraum.
	Ich staune, dass ich riechen kann und ich danke Gott.	• Gebet: Ich kann riechen (T 6).

2. Themenfeld: Gott hat mir mein Leben geschenkt

Lebenspraktische Vermittlung von Glaubensinhalten ist nur durch die Einbeziehung der Kinder und Jugendlichen in den Glauben ihrer Bezugspersonen möglich.
In mir ist Leben. Das kann ich mir bewusst machen; das kann ich erfahren.
Mein Leben spüre ich, wenn ich mich selbst wahrnehmen kann im Körper, im Atmen usw.
Religiöses Erleben beginnt dann, wenn ich mir bewusst werde, dass mir mein Leben von Gott geschenkt ist.

Dabei kann durch die persönliche Zuwendung der Bezugsperson jeder einzelne Schritt vom Selbsterkennen und Selbstbewusstwerden bis zu dem Erkennen, was Gott immer wieder neu schenkt, angebahnt werden. Religiöses Erleben beginnt dort, wo ein Kind erfährt, dass seine Eltern/seine Bezugspersonen gut zusammen leben. Es wird dieses Zusammenleben als harmonisch erfahren und sich in dieser Atmosphäre wohl fühlen.

Inhalte	Hinweise	Praxis
Gehalten werden	Ich spüre Wärme in mir.	• Hände aufeinander legen, aneinander pressen. • Meinen Körper mit beiden Händen berühren, streicheln. • Meine warmen Hände an meinem Körper spüren. • Fühlen, wo mein Körper warm ist.
	Wärme und Kälte gegenüberstellen, empfinden. Wärme kann schön sein.	Beispiele: • kalte Hände, kalte Berührungen, • kalte Gegenstände, • kalter Lufthauch, • kaltes Wasser, • nasse, kalte Dinge (Tuch, Bürste), • Geräusche, die mich frieren machen. Dagegen • warme Berührungen, • streicheln, • warme Tücher, • warmer Lufthauch, • warmes Wasser, • warme, freundliche Stimme, • warme Töne, harmonische Musik, • laut und leise sprechen, • flüstern und schreien, • schnell und langsam sprechen, • singen, • gehen, stehen, schleichen, sitzen, schwimmen usw. • Lied: Ich bin so gern bei dir (L 6).
Leben in mir spüren	Wärme kann Geborgenheit vermitteln, kann wohl tun, kann heilen.	• Berührungen, die Wärme vermitteln, die gut tun: Ich werde von anderen gestreichelt, in den Arm genommen, ich fühle mich wohl. • Lied: Ich bin so gern bei dir (L 6).
	Geborgenheit kann man spüren, erleben, erfahren.	• wohl tuende Geräusche, Töne, Musik. • wohl tuende Stille. • wohl tuende nächste Umgebung (weiche Unterlage, Wärme usw.).

2. Themenfeld: Gott hat mir mein Leben geschenkt   *Erster Themenkreis: Gott sagt ja zu mir*

Inhalte	Hinweise	Praxis
	Ich werde von einem gehalten.	• Auf den Schoß nehmen, drücken, schaukeln.
	Ich werde von mehreren gehalten.	• Von mehreren auf einer Decke gehalten, geschaukelt werden.
	Es tut wohl, gehalten zu werden.	Lied: Ich lade dich ganz herzlich ein (L 7).
	Symbol »Hand« als sichtbares Zeichen des Gehaltenwerdens.	• Jemand gibt mir die Hand: Erleben, erfahren, spüren, dass mich einer an die Hand nimmt, an der Hand hält. Hände reichen von beiden Seiten. • Ausprobieren, was ich mit meinen Händen kann. • Mich der Hand des anderen anvertrauen. • Lied: Ich bin so gern bei dir (L 6). • Anregung: Ich werde gehalten (A 2). • Anregung: Streicheln (A 3). • Gedicht: Schau mal an (T 7). • Anregung: Familienknoten (A 4). • Gedicht: Streicheln (T 8). • Text: Die Geschichte von dem Kind und dem Bild (T 9). • Lied und Tanz: Gut, dass es dich gibt (L 8).
Gott gibt mir Raum zum Leben	Erfahren eines guten Zusammenlebens zwischen Kindern und Erwachsenen. Erfahren, dass meine nächsten Bezugspersonen *gut* zu mir sind, dass sie ja zu mir sagen, mich pflegen, sich um mich sorgen, mir das Essen bereiten, meine Wünsche erfüllen, mit mir sprechen und spielen und sich mit mir beschäftigen. Ich werde von meinen engsten Bezugspersonen geliebt.	Beispiele eines guten Zusammenlebens zwischen Kindern und Erwachsenen benennen und erleben: 1. Tagesablauf gemeinsam gestalten, 2. gemeinsame Mahlzeiten, 3. spazieren gehen, spielen, 4. erzählen, zuhören, 5. gemeinsam musizieren, Musik hören, 6. Arbeiten für andere übernehmen, 7 Feste vorbereiten und feiern, 8. Geschenke vorbereiten und überreichen. Meinen Tageslauf erzählen, bewusst machen, erleben. Dazu Arbeitshilfen: • Tageslauf (A 5). • Familie (A 6).
Freude und Dank	Glauben erleben. Freude und Dank erfahren, erleben. Selbst, allein und mit Hilfe, Gott danken. Ich fühle mich geborgen, wenn ich spüre, dass meine nächsten Bezugspersonen sich ebenfalls geborgen fühlen.	• Gemeinsam beten (vgl. Erster Themenkreis, 4.). Die Hände falten und mit jemandem sprechen. • Gebetslieder, z. B.: Halte zu mir, guter Gott (L 9).

Erster Themenkreis: Gott sagt ja zu mir   2. Themenfeld: Gott hat mir mein Leben geschenkt

Inhalte	**Hinweise**	**Praxis**
	Gemeinsam danken, gemeinsam singen, gemeinsam beten, gemeinsam über alles staunen und sich freuen, was man erleben darf und was Gott zum Leben gibt.	• Erleben von Gebet und Gebetshaltung bei mir selbst und bei meinen nächsten Bezugspersonen. • Erfahren, dass alle still werden, dass Vater/Mutter, Erzieherin/Erzieher mit ruhiger Stimme spricht und diese Stille gut tut, ja sogar Geborgenheit vermitteln kann. • Text: Fragen und viele Antworten (T 10). • Gedicht: Gott freut sich, wenn wir fröhlich sind (T 11). • Text: Vom Beten (T 12). • Wir beten zusammen (A 7). • Lied: Ich falte meine Hände (L 10). • Text: Die Geschichte von Gott und dem Kind (T 13). • Alles hat Gott geschaffen (A 8). • Meine Eltern (A 9). • Gebete (T 14). • Einander helfen (A 10). • Lied: Gottes Liebe ist so wunderbar (L 11). • Lied: Ich lade dich ganz herzlich ein (L 7).

3. Themenfeld: Ich bin wertvoll

»... und Gott sah alles, was er geschaffen hatte, und siehe, es war sehr gut« (Gen 1,31a).
Gott schuf den Menschen nach seinem Bild (Gen 1,26). So sind wir als einzelne Menschen und als Menschheit insgesamt nach Gottes Vorstellung und nach seinem Willen geschaffen.
Weil Gott uns Menschen an Kindes statt annimmt, stehen wir in einer besonderen Beziehung zu Gott, die unseren einmaligen, unverwechselbaren Wert bestimmt. Als Kinder Gottes haben wir auch Teil am Wesen Gottes. Folglich ist der Mensch in seinem Wesen göttlichen Ursprungs. Daraus resultiert auch seine besondere Würde. Es ist wichtig, dass wir dies erkennen und uns deshalb selbst als wertvoll ansehen. Es ist wichtig, dass wir an diese wertvollen Anlagen in uns glauben und sie zur Entfaltung bringen.
In der liebenden Annahme durch andere Menschen erfahren wir, dass wir auch für andere Menschen wertvoll sind. Der Säugling erfährt Annahme durch Zuwendung und die zuverlässige Befriedigung seiner Bedürfnisse: Ernährung, Bewegung, Berührung, Kontaktaufnahme, Pflege usw. Er lernt so, dass er anderen nicht gleichgültig ist, dass er wertvoll ist.

Zu dieser Erfahrung gehört die Tatsache, dass wir einen eigenen Namen haben. Mit diesem Namen sind wir anderen Menschen und Gott vertraut. »Ich, Gott, habe dich bei deinem Namen gerufen.« Der Name vermittelt unsere Identität, unsere Unverwechselbarkeit.
Wenn wir diese Erfahrungen machen, finden wir zu uns selbst und sind in der Lage, uns selbst anzunehmen. Dadurch sind wir kontaktfähig, bringen uns selbst in die Gemeinschaft ein und nehmen den anderen in dessen So-Sein an.

In diesem Themenfeld geht es darum, das eigene »Ich« so weit wie möglich zu erfahren und in Beziehung zum »Du« zu bringen. Darüber hinaus wird der Bezug zum »Wir« hergestellt.
Es wird herausgestellt, dass der Mensch von Gott angenommen ist; dies wird möglich, wenn er Bejahung seiner Eigenart und seines Wesens erfährt. Dass Gott mich annimmt, erfahre ich dadurch, dass andere Menschen mich annehmen. Im Ernstnehmen der Eigenart jedes Einzelnen von uns und im Akzeptieren unseres So-Seins vollzieht sich die liebende Annahme Gottes am Menschen.

Erster Themenkreis: Gott sagt ja zu mir   3. Themenfeld: Ich bin wertvoll

Inhalte	Hinweise	Praxis
Mich selbst annehmen Ich-Gefühl	Ich bin ich. Ich bin unverwechselbar.	• Wir fertigen von uns Fingerabdrücke an und betrachten diese mit der Lupe. • Handlinien nachzeichnen, mit anderen vergleichen. • Wenn möglich: einen Ausweis erstellen (mit Passbild). • Wir hören und fühlen unseren Herzschlag; wir beobachten unseren Atem. • Wir erstellen eine Collage mit persönlichen Kennzeichen (Name, Haarfarbe usw.). • Das bin ich (A 11). • Darf ich mich vorstellen? (A 12).
	Ich habe meinen Namen.	• Namensspiel: Einem Teilnehmer werden die Augen verbunden. Er bittet jetzt die anderen Teilnehmer zu sprechen. Er ruft den Namen desjenigen, den er an der Stimme erkannt hat. • Lied: Ich habe einen Namen (L 12). • Aus einem Namenstagsbuch[1] die Bedeutung des Namens lesen, vorlesen bzw. erzählen. (Wenn möglich den Teilnehmern ein Namenstagsbild geben.)
	Menschen haben oft denselben Vornamen.	• Wir hören, dass viele Menschen denselben Vornamen haben, und doch ist jeder unverwechselbar anders. • In der Gruppe befinden sich zwei Teilnehmer mit demselben Vornamen. Was unterscheidet sie voneinander?
	Ich habe einen Körper/Körperteile.	• Ganzkörperumriss (auf Tapete) zeichnen. • Bild von sich malen oder großes Foto aufkleben. • Gewicht, Körpermaße zum persönlichen Bild schreiben. • Wir betrachten unsere Hände, Arme, Beine, Haare.
	Ich habe mein Gesicht. Mein Gesicht ist unverwechselbar.	• Mein Gesicht (A 13). • Ich betrachte mein Gesicht im Spiegel und beschreibe es. • Mimik-Spiel: Was mache ich für ein Gesicht (fröhlich, böse, traurig usw.)?
	Andere Gesichter kommen mir bekannt vor.	• Wir schauen uns Bilder von bekannten Persönlichkeiten an. »Das Gesicht kommt mir bekannt vor.« Warum?
	Gott hat meinen Leib, meinen Körper wunderbar geschaffen. Ich danke Gott dafür.	• Gebet: Gott, du hast mich wunderbar geschaffen (T 15).
Menschen sorgen sich um mich Du-Gefühl	Vielfältige Formen menschlicher Fürsorge und Liebe.	• Wir erfahren vielfältige Formen menschlicher Fürsorge und Liebe. • Wir benennen Menschen, die für uns sorgen. Wir bringen Bilder von diesen Menschen mit. • Erzählen oder zeigen (konkrete Anlässe), wann wir dieses Für-uns-Sorgen gespürt haben: Ich war krank; ich war traurig; ich hatte Angst; ich feierte ein Fest usw.

---

1 Z. B.: Das große Vornamenlexikon. Bearbeitet von Rosa Kohlheim. 384 Seiten. Duden-Verlag. Mannheim u. a. 1998.

3. Themenfeld: Ich bin wertvoll — *Erster Themenkreis: Gott sagt ja zu mir*

Inhalte	Hinweise	Praxis
	Ich freue mich, dass ich vertrauen kann und dass man mir vertraut.	• Vertrauensspiel: Mit verbundenen Augen durch den Raum geführt werden. • Wir gehen ins Gelände; wir teilen uns in zwei Gruppen auf. Gruppe eins werden die Augen verbunden; Gruppe zwei führt (dabei nicht sprechen).
	Ich freue mich: Andere Menschen nehmen mich ernst.	• Aussagen und Gefühle des anderen ernst nehmen. • Beispiel: Klaus ist der Wellensittich entflogen. Klaus ist traurig. Die Gruppe nimmt die Gefühle von Klaus ernst. In einem Rollenspiel könnte jetzt der Verlust, die Angst, dass der Vogel tot sein könnte, die Angst der Einsamkeit, teilweise aufgefangen werden.
	Vielfältige Möglichkeiten der Kontaktaufnahme.	• Wir begrüßen uns mit Namen. • Wir schauen uns gegenseitig an (Blickkontakt). • Wir beschreiben den anderen (Augenfarbe, Haarfarbe usw.). • Berührungskontakt: Streicheln usw. • Begrüßungsformen: Händeschütteln, Umarmung, Verneigen usw. • Geschichte vom kleinen Prinzen und dem Fuchs lesen, erzählen, spielen (T 2). • Lied: Gut, dass es dich gibt (L 8). • Das ist meine Freundin, mein Freund (A 14).
	Ich erfahre, dass ich von anderen angenommen bin. Dafür danke ich Gott.	• Gebet: Gott, du hast mir mein Gesicht gegeben (T 16).
Sich einander vertraut machen Wir-Gefühl	Jede Gruppe hat ein gemeinsames Ziel. Der gemeinsame Name deutet auf die religiöse Verbundenheit der Gruppe hin.	• Wir überlegen ein Zeichen und einen Namen für unsere Gruppe. Der Unterrichtende stellt verschiedene Namen und Zeichen zur Auswahl: Regenbogen, Kreuz, Feuerzungen, Anker, Fisch, Luther-Rose. Wir bedrucken oder lassen uns ein T-Shirt mit dem Zeichen der Gruppe bedrucken.
	Wir werden aufeinander aufmerksam.	• Wir legen ein Fotoalbum an. Adressen und Telefonnummern werden in dieses Album eingetragen. • Wir legen einen Geburtstagskalender unserer Gruppe an.
	Gesten und Zeichen der Zugehörigkeit.	• Wir begrüßen uns bei den Zusammenkünften mit Handschlag. • Wir sprechen darüber, warum wir das tun. • Wir erstellen eine Collage, eine Ausstellung mit persönlichen Zeichen und Gegenständen, die uns wertvoll sind.
	Wir staunen, dass wir einander vertraut sind und wir danken Gott.	• Gebet: Gott, keiner kann allein leben (T 17). • Gebet: Ein gemeinsames Zeichen (T 18).

4. Themenfeld: Gott hat mich bei meinem Namen gerufen

Gottes Liebe gilt allen Menschen und damit auch mir. Er wendet sich mir ganz persönlich zu. Er nennt mich mit meinem Namen. Ich antworte ihm in der Art und Weise, wie ich lebe und zu ihm bete. Gott liebt mich so wie ich bin, bedingungslos, mit allen Begabungen und Einschränkungen, Stärken und Schwächen. Er nimmt mich an wie ich bin. Seine bedingungslose Annahme wird mir in der Taufe zugesprochen. In der Taufe kann ich sinnlich erfahren, von Gott als sein Kind angenommen und ganz persönlich gemeint zu sein. Die besondere Liebe und Fürsorge Gottes für mich hat Jesus Christus im Bild des guten Hirten vorgestellt. So wie der Hirte jedes einzelne seiner Schafe kennt und beim Namen nennt, so kennt Gott auch mich. Wie der Hirte für die Schafe sorgt, so sorgt Gott für mich und begleitet mich durch mein Leben.

Meine Antwort auf die persönliche Zuwendung Gottes drückt sich aus in der Art und Weise wie ich lebe und mich im Gebet an Gott wende. Im Gebet spreche ich Gott ganz persönlich an und drücke (in Sprache, Gesten und Gebärden) aus, was mich bewegt: Freude, Traurigkeit, Dank, Bitten, Ärger, Wut, Sorge, Last und Lust. Das Gebet ist Ausruck der persönlichen Beziehung zu Gott. Die Zuwendung Gottes gilt mir ganz persönlich so wie ich mich vorfinde und von Gott wahrgenommen und angenommen bin. Die Zuwendung Gottes wird hier am Beispiel der »Taufe« und im »Bild vom guten Hirten« verdeutlicht. Die Antwort auf die Anrede Gottes, die sich in unseren vielfältigen Lebensäußerungen widerspiegelt, wird am Beispiel »Beten« veranschaulicht.

Inhalte	Hinweise	Praxis
Taufe Ich bin von Gott angenommen und werde von ihm wahrgenommen.	Wassererfahrungen, Wasser mit allen Sinnen wahrnehmen.	• Geräusche des Wassers: Mit den Händen in einer Schale mit Wasser plätschern. • Wasser tropft in eine Schale (Metall) oder auf eine Wasserfläche (in einer Schale), z. B. aus einer Pipette. • Wasser wird aus einer Kanne in ein Gefäß gegossen usw. • Wasser spüren: mit Händen (warm und/oder kalt), in einer Schale oder aus einer Kanne gegossen. • Wasser am Körper spüren (erfrischende Wirkung, besonders im Sommer: an den Armen, im Gesicht). • Wasser schmecken.
	Wasser zum Leben, Wasser als lebenswichtiges Element unseres Lebens kennen lernen. Wasser als Gottes Gabe für das Leben erkennen.	• Zusammentragen, wofür Wasser in unserem Alltag und in unserer Umwelt gebraucht wird und wichtig ist. • Lied: Das Kinder-Halleluja, Str. 4: Für das Wasser woll'n wir singen (L 13).
	Taufe als Symbol für die persönliche Annahme Gottes erleben. Taufbecken	• Taufbecken (in der Nähe des Unterrichtsorts) einbeziehen: ansehen, be-greifen, klingen lassen (Metall-, Keramikschale, Bronzebecken), erklären und zeigen, was bei der Taufe geschieht.
	Taufszene	• Darstellungen der Taufe Jesu einbeziehen (in Kirchen). Auch Fotos von einer Taufe in der Kirche oder Familienfotos von der eigenen Taufe eignen sich.
	Taufe erleben	• Wenn Kinder oder Jugendliche noch nicht getauft sind: die Taufe gemeinsam vorbereiten und gemeinsam feiern. • Gemeinsamer Besuch eines Taufgottesdienstes. • Lied: Tauflied (L 49). • Lied: Ich habe einen Namen (L 12).

4. Themenfeld: Gott hat mich bei meinem Namen gerufen   *Erster Themenkreis: Gott sagt ja zu mir*

Inhalte	Hinweise	Praxis
	Taufe in einer biblischen Geschichte	• Die Geschichten »Ein Afrikaner wird getauft« (Apg 8,26–39), oder »Die Taufe Jesu« (Mt 3,13–17).
Guter Hirte Gott sorgt sich um mich.	Psalm 23 gestalten und beten. Die Figur des Hirten kennen lernen. Die Sorge des Hirten für das Wohlergehen seiner Schafe verstehen.	• Die Erarbeitung einzelner Gesichtspunkte des Psalms kann im Schwierigkeitsgrad differenziert werden: Hirte, Schafe, Hunde, Wölfe, Löwe, Gras, Wasser, Dunkelheit, Trost, Schutz, Hilfe.
	Die Sorge des Hirten für die Schafe auf die Sorge Gottes um uns übertragen.	• Was brauchen wir zum Leben? • Was ist gut und schön? Was tut uns in unserem Leben besonders gut? • Welches ist der richtige Weg im Leben? Welchen Weg möchte Gott für mich? • Durch einen dunklen Raum oder mit verbundenen Augen sicher geführt werden. In Angst getröstet werden. • Für jemanden den Tisch mit schönen Sachen festlich decken. Andere sehen (mit Neid) zu. Warum? • Allen mit gut riechendem Öl (oder Salbe) die Stirn (oder den Handrücken) einreiben. • Lied: Gott, du bist ja bei mir (L 14).
Beten Ich antworte Gott.	Haltungen und Gesten des Betens kennen lernen und üben. Hände	• Meditatives Betrachten, Begreifen, Erfahren der eigenen Hände. • Lied: Ich habe zwei Hände (L 15). • Abdrücke der Hände mit Farben auf einen Stoff bringen (auch als Wandbehang oder Parament verwendbar).
	Gebetshaltungen der Hände	• Verschiedene Haltungen der Hände ausprobieren (zum Beten geeignet). Ist das angenehm? Handflächen nach oben offen; Finger verschränken (Hände falten); Hände ineinander legen; Handflächen aneinander legen; Hände übereinander legen; die Faust mit der anderen Hand umfassen; usw.
	Formen des Betens kennen lernen und erleben.	• Freies Gebet sprechen, das das Erlebte mit einbezieht. • Das »Vaterunser« mit unterstützenden Gesten gemeinsam sprechen und gebärden (A 1). • Lied: Sag uns, was wir sagen sollen (L 47). • Andere Gebetslieder (L 9, L 10 u. a.). • Liturgische Formen des Gebets kennen lernen und erproben.
	Beten als Antwort auf Gottes Ansprache und Sorge kennen lernen. Gebetsanlässe	• Bilder von Alltags- und besonderen Lebenssituationen regen zum Nachdenken und Äußern von Gebetsanlässen an: Danken, Bitten, Fürbitten. • Aus dem Alltag erzählen und kurze Gebete formulieren: Danken, Bitten, Fürbitten.

Zweiter Themenkreis: Gott begleitet mich auf meinem Lebensweg

1. Themenfeld: Ich bin nicht allein. Ich erlebe andere Menschen

Gott ist immer für uns da, er lässt uns nicht allein. Wir erleben Gott in der Sorge anderer Menschen für uns. Wir erfahren, dass andere Menschen uns mögen und dass wir Freunde haben.
Wir haben unseren Platz in der Gemeinschaft und wir danken Gott dafür. Die Erfahrung der Gemeinschaft mit Gott ist für uns Christen das Wichtigste im Leben. Wir Christen versuchen, in Beziehung mit Gott zu treten. Dies geschieht in verschiedenen Formen, u. a. im Gebet und im Gottesdienst.
Gott selbst redet den Menschen mit »Du« an und der Mensch darf Gott vertrauensvoll mit »Du« anreden. Jesus lehrt uns, Gott »Vater« zu nennen.

Auch im Gottesdienst treten wir in Beziehung zu Gott. Der Gottesdienst kann uns vor allem dann etwas bedeuten, wenn uns der Kirchenraum vertraut ist, wird zum besonderen Erleben, wenn uns die mitfeiernden Personen vertraut sind und wir selbst Bejahung und Angenommensein erfahren: Wohlfühlen kann ich mich nur dort, wo ich mich auskenne und angenommen bin. Glaube, Hoffnung und Liebe müssen die Gemeindeglieder zusammenbinden. Gerade in den vielfältigen Diensten der Gemeinde können wir erfahren, was Christsein auch heißt: vom Nächsten voll bejaht werden.

Inhalte	Hinweise	Praxis
Menschen sorgen für mich	Durch das bewusste Nachvollziehen eines Tagesablaufs erkennen, wer für mich sorgt.	• Die Kinder ziehen ihre Mäntel oder Jacken aus. Wir überlegen: Wer hat dich angezogen (z. B. Erzieher/in, Zivildienstleistender, Mutter)? • Wandfries erstellen: Mein Tagesablauf (die handelnden Personen müssen vorkommen). • Beim gemeinsamen Essen überlegen wir: Wer hat das Essen zubereitet? An andere Mahlzeiten erinnern. • Gespräch: Wer sorgt besonders für mich, z. B. Mutter, Vater, Geschwister, Gruppenleiter/in? • Gespräch: Wer sorgt noch für mich (Busfahrer, Zivildienstleistender, Lehrer/in, Hausmeister)? (Wichtig: Nur bekannte Personen auswählen.) • Lied: Ich habe zwei Hände (L 15).
Andere Menschen mögen mich	Zeichen, Gesten und Worte der Zuneigung erkennen.	• Wir nehmen einander in den Arm; wir lächeln einander zu; wir nicken und winken einander zu (Gesten der Freundlichkeit). • Wir begrüßen einander freundlich. • Wir sammeln »freundliche Worte« (evtl. aufschreiben). • Lied: Gut, dass es dich gibt (L 8).
	Zeichen, Gesten und Worte der Ablehnung erkennen.	• Wir erinnern uns: Wer hat mich schon einmal geärgert, mich beschimpft, mir weh getan? • Pantomime/stehendes Bild: Einander den Rücken zukehren, dann einander wieder das Gesicht zuwenden. Gegeneinander die Fäuste ballen, dann zum anderen die Hände ausstrecken. Einen Menschen auslachen und ihm dann wieder freundlich zulächeln. • Text: Der Anorak (T 19).

1. Themenfeld: Ich bin nicht allein   *Zweiter Themenkreis: Gott begleitet mich*

Inhalte	Hinweise	Praxis
Ich habe Freunde	Ich bin froh, dass ich Freunde und Freundinnen habe.	• Ich benenne meine Freunde, Freundinnen in der Gruppe. • Ich erkenne sie auf Fotos wieder; ich nenne ihre Namen. • Ich erkenne ihre Stimme wieder (Kassettenrekorder). • Ich male ein Bild von meinem besten Freund, meiner besten Freundin. • Ich nenne Orte, an denen meine Freunde/Freundinnen leben. • Gespräch: Was tun meine Freunde/Freundinnen mit mir (sprechen, zuhören, spielen, trösten, teilen, streicheln)? Was tue ich mit meinen Freunden/Freundinnen?
	Manchmal bin ich einsam.	• Erzählen: Als ich einmal allein war. • Fotos von einsamen Menschen betrachten, deren Gefühle beschreiben. • Bild eines einsamen Menschen malen. Gespräch: Was wünscht er sich? Das Bild ergänzen. • Spiel: Mein rechter Platz ist leer. • Lied: Ich lade dich ganz herzlich ein (L 7). • Lied: Kindermutmachlied (L 16).
	Nicht jede(r) kann mein Freund/meine Freundin sein.	• Wir erinnern uns: Als jemand meine Freundschaft nicht wollte. • Erzählung/Rollenspiel: Hans im Glück. Die Erfahrung bewusst machen: Jemand kann mich ausnutzen, jemand übervorteilt mich.
Mein Platz in der Kirche	Taufe: Ich gehöre zur Gemeinschaft der Christen.	• Vgl. dazu: Ersten Themenkreis, 4.
	Christen versammeln sich in der Kirche.	• Wir besuchen eine Kirche. • Wir suchen in der Kirche Gegenstände, die wir kennen. Wir lernen andere Gegenstände kennen. • Wir erklären die Symbole: Kreuz, Bibel, Kerze, Weihwasser, ewiges Licht u. a. • Wir singen und beten in der Kirche. Wir hören eine Geschichte von Gott und von Jesus. Wir geben uns die Hände, wir werden gesegnet. • Ein Bild von Jesus zeigen (Bilderbuch, Poster usw.). • Lied: Wo zwei oder drei in meinem Namen versammelt sind (L 17). • Lied: Kommt alle und seid froh (L 2). • Lied: Wir feiern heut ein Fest (L 18).

2. Themenfeld: Gott ist immer bei mir. Jesus ist mein Freund

Der Mensch ist Abbild Gottes (vgl. Gen 1,27). Damit meine Lebenszeit nicht einfach sinnlos vergeht, braucht sie immer wieder den Anschluss an eine von Gott erfüllte Zeit.

»Gott ist immer bei mir.« »Gott ist immer bei uns Menschen«: Das ist Erfahrung, Gegenstand, Inhalt und Bekenntnis des christlichen Glaubens. Wen Gott ruft und wer sich Gott anvertraut, lebt unter dem Segen Gottes. Wer unter seinem Segen lebt, mit dem ist Gottes guter, heiliger Geist. Segen ist immer etwas, das von Gott kommt. Mit Segen bezeichnet man den Zuspruch Gottes, der die Menschen mit heilvoller Kraft, mit Lebensmacht erfüllt. Segen ist Lebensgemeinschaft mit Gott und mit anderen Menschen. Segen meint Bewahrung und Heil. Menschen geben den Segen Gottes weiter.

Christen erfahren und erbitten Segen. Wenn ein Mensch einen Segen ausspricht, will er meistens einen Wunsch oder eine Bitte ausdrücken: Der Mensch bittet Gott, dass die Menschen Frieden haben. Es steht nicht in unserer Hand, Wünsche zu verwirklichen; darum hat Segen mit Beten zu tun.

Wer segnet, bittet Gott, dass sich das Gute, das er dem anderen wünscht, erfüllt.

Mit der Segenshandlung ist oft eine Geste verbunden: Das Auflegen der Hände, das Erheben der Hände und das Kreuzzeichen. Die Zeichen sollen das Geschenk Gottes ausdrücken. Jeder Gottesdienst schließt mit einem Segensspruch.

Der Segen schließt für den Christen die Verpflichtung ein: Ein Mensch sei dem anderen ein Segen! Gott helfe uns, dass wir uns einander zuwenden und aufeinander zugehen, dass wir mitleiden, dass wir teilen, helfen, loben, versöhnen, lieben: segnen.

Menschen zu segnen heißt auch, sie glücklich preisen, mit Dank und Ehrfurcht von ihnen reden, sie hochleben lassen. – Segen will ermöglichen, dass Leben gelingt. Die Wünsche, die wir füreinander haben, das Gute, das wir einander zusprechen, das wir einander tun, besitzen Gewicht. Wenn Menschen einander segnen, drücken sie damit Gottes unerschöpfliche Liebe aus; das strahlt zurück auf Gott in dankbarem Lobpreis.

Gottes Segen lässt die Menschen, die Gott sich erwählt hat, an seiner Verheißung teilhaben.

Inhalte	Hinweise	Praxis
Unter Gottes Segen leben	Gott ist immer bei mir.	• Wir zeigen unsere Augen und erzählen, was wir mit den Augen tun können. Schwerpunkt: Ich sehe Menschen. • Wir sehen uns im Sitzkreis an und erzählen, wie wir aussehen. • Wir schauen uns im Sitzkreis an; ein Gruppenmitglied nennt den Namen des Nachbarn und sagt: »Ich schaue dich an.« Zusammenfassung: »Gott schaut uns an.« • Wir betrachten Bilder (Fotos) von Menschen, die uns anschauen. Wir erzählen einander, was wir dabei sehen. • Wir malen unser eigenes Gesicht. Wir malen das Gesicht unseres Gegenübers. Wir fotografieren uns gegenseitig. • Wir malen gemeinsam ein großes (Gruppen-)Bild: Kinder (wir) in einem Zelt, unter einem Hut, einem Schirm, einem Mantel, in einem Nest, einem Boot, einem Netz, unter einem Regenbogen. • Biblische Geschichte: »Der Regenbogen« (Bilderbuch zu Noah). • Lied: Ein bunter Regenbogen (L 19).

2. Themenfeld: Gott ist immer bei mir. Jesus ist mein Freund   *Zweiter Themenkreis: Gott begleitet mich*

Inhalte	Hinweise	Praxis
	Bilder für den Segen: »Segen sei mit dir!« Gott hat mich lieb.	• Wir betrachten Bilder: Jesus hat die Kinder lieb. • Video: »Jesus findet Freunde« (M 1). • Lied: Jesus hat die Kinder lieb (L 3). • Wir malen ein Bild (evtl. Gruppenbild): Jesus segnet die Kinder (die Menschen). • In meditativer Runde (die Stimmung kann durch leise Musik und eine Kerze in der Mitte verstärkt werden) legt der Gruppenleiter der Reihe nach die Hand auf den Kopf jedes Gruppenmitglieds und sagt unter Namensnennung: »Gott hat dich lieb« oder »Gott ist mit dir« oder »Gott segne dich« und macht beim Zuspruch jedem Gruppenmitglied das Kreuzzeichen auf die Stirn. • Wir geben den Segen weiter. Wir legen unserem Nachbarn in der Runde die Hände auf und sagen: »Jesus ist dein Freund. Jesus hat dich lieb.« • Wir stehen im Kreis; ein Gruppenmitglied steht in der Mitte. Diesem legen alle die Hände auf und sprechen dazu: »Jesus hat dich lieb.« Alle kommen an die Reihe. • Wir tun einander etwas Gutes; wir salben uns (vgl. Mt 26,6–13; Joh 12,1–8). Dazu benötigen wir eine duftende Hautcreme. Sehr behutsam und zart bestreichen wir Körperstellen (z. B. Stirn, Wangen, Hinterohr, Handrücken) mit der Creme. Wichtig ist: Der Gruppenleiter muss als Gruppenmitglied mit einbezogen sein. Bei dieser Übung steht die Erfahrung des Berührens (Streichelns) und Berührtwerdens (Gestreicheltwerdens) im Vordergrund. • Wir tun einander etwas Gutes; wir salben uns (vgl. Ps 23,5b; Joh 12,1–8). Dazu benötigen wir Duftöl bzw. -essenz (z. B. Duftkomponente Honig, Zitronengras). Damit betupfen wir verschiedene Körperstellen (Achtung: nur sehr wenig Flüssigkeit verwenden!). Bei dieser Übung steht die Erfahrung des Riechens im Vordergrund. • Lied: Gottes guter Segen sei mit euch (L 20). • Lied: Kommt alle und seid froh (L 2).
Gott ist meine Hilfe	Ich brauche Zuwendung,	• Zuwendung: Wir sitzen im Stuhlkreis nach außen gewandt. Der Gruppenleiter bereitet im Innenkreis vor: Decke, Blumenstrauß, Kerze, Bibel, evtl. Brot und Trauben. Wir überlegen: Ist das jetzt gut, wie wir sitzen? Wir verändern die Anordnung und wenden uns einander zu.
	... wenn ich traurig bin,	• Wir betrachten und besprechen Fotos von leidenden Menschen. • In einem »stehenden Bild« stellt ein Gruppenmitglied einen traurigen Menschen dar; die anderen verändern diese Figur dann zum Guten.

Zweiter Themenkreis: Gott begleitet mich   2. Themenfeld: Gott ist immer bei mir. Jesus ist mein Freund

Inhalte	**Hinweise**	**Praxis**
	... wenn ich Angst habe.	• In einem »stehenden Bild« stellt ein Gruppenmitglied einen Menschen dar, der Angst hat; die anderen verändern diese Figur dann zum Guten. • Biblische Geschichte »Jesus und der Sturm« (Mt 8,23–27) (M 2). Interpretationsschwerpunkt: Jesus nimmt seinen Freunden die Angst. • Lied: Gott, du bist ja bei mir (zu Ps 23) (L 14).
	Wenn ich in Not bin, wer hilft heute?	• Biblische Geschichte »Ein barmherziger Mann« (Lk 10,25–37) (M 3). Interpretation: Gott hilft durch andere Menschen. • Geschichte »Martin von Tours« (T 20). • Geschichte »Sankt Martin lehrt das Teilen« (T 21). • Rollenspiel »Kommt und seht, wie's dem armen Mann ergeht« (T 22). • Lied: Sankt Martins Lied – Ein armer Mann (L 21). • Geschichte »Der heilige Nikolaus« (T 23). • Geschichte »Nikolaus und die Schiffer« (T 24). • Gedicht »Ein Lichtblick« (T 25).
	Wenn ich verloren bin, wer sorgt sich um mich?	• Bildgeschichte »Das verlorene Schaf« (M 4). • Lied: Mein Schaf hat sich verlaufen (L 22). • Lied: Kindermutmachlied (L 16). • Lied: Gott, du bist ja bei mir (L 14). • Lied: Zwei Jünger gehn abends nach Emmaus (L 23).
	Gott zeigt mir den Weg. Jesus ist mit mir auf dem Weg.	• Der Weg des Vertrauens (das »Blinde-Kuh-Spiel«): Einer geht ohne Hilfe mit verbundenen Augen durch den Raum. Gespräch: Wie war das? Wieder geht er mit verbundenen Augen durch den Raum, aber mit Hilfe; er wird geführt von einem, von zwei; er wird getragen. Gespräch: Was war jetzt anders? • Biblische Geschichte »Auszug aus Ägypten« (M 4). • Biblische Geschichte »Der Weg ins versprochene Land« (M 4). • Biblische Geschichte »Jesus ist auferstanden« (M 5) (Auszug: die Emmaus-Jünger). Interpretation: Jesus begleitet uns, wir merken es oft nicht; Jesus begleitet uns, gerade wenn wir uns besonders allein fühlen. Wer begleitet uns heute? Mutter, Vater, Lehrerin, Lehrer, Pastor, Freund usw. (weil sie auch an Jesus und seine Gegenwart glauben). • Lied: Mein Schaf hat sich verlaufen (L 22). • Lied: Halte zu mir, guter Gott (L 9). • Lied: Gott, du bist ja bei mir (L 14).

3. Themenfeld: Ich lebe mit anderen

Gott hat alle Menschen geschaffen: Mädchen und Jungen, große und kleine, alte und junge – in dieser Vielfalt leben wir miteinander auf dieser Welt. Darum ist es besonders wichtig, dass wir uns in unserer Verschiedenheit wahrnehmen und anerkennen. Jede und jeder von uns ist einmalig und besonders. Das Aussehen gehört dazu, die Eigenschaften, Vorlieben und Abneigungen ebenso wie die Begabungen und Begrenzungen. Indem wir einander kennen lernen, lernen wir die anderen in ihrem So-sein zu respektieren und zu achten.

Uns allen gilt die Zusage von Gottes liebender Fürsorge und Zuwendung. Wir erfahren diese in erster Linie und besonders in der Zuwendung durch andere Menschen. Unterrichtende und Bezugspersonen der Kinder und Jugendlichen haben hier eine besondere Aufgabe. Die jungen Christen sollen durch sie erleben können, was es heißt von Gott geliebt zu sein. Im Umgang miteinander erfahren wir, dass wir zusammengehören, wir sind traurig, wenn eines fehlt; und wir freuen uns mit den anderen. Wir erleben, dass wir zusammen stärker sind als einer allein. Wir hören, dass Gott unsere Gemeinschaft stärkt und an ihr teilhaben will.

Die erfahrene Liebe und Sorge können wir weitergeben und andere daran teilhaben lassen. Darum müssen wir das Miteinander gestalten. Wir freuen uns am Zusammensein mit anderen. Wir erleben und genießen das Spielen, Singen und Feiern in der Gemeinschaft. Zugleich müssen wir lernen, dass Zusammenleben auch Rücksicht, Hilfeleistung und Verzicht bedeuten kann. Teilen will ebenso gelernt sein wie das Schenken und Beschenktwerden. Gesten und Worte des Bittens und Dankens finden wir füreinander und beziehen sie auf Gott, der uns unser Leben und unsere Gemeinschaft schenkt.

Inhalt	Hinweise	Praxis
Wir lernen uns kennen	Ein Gruppenbild erstellen und die Namen hinzufügen. Mit Liedern und Spielen einander kennen lernen.	• Die Gruppe betrachtet sich in einem großen Spiegel, vor dem Schaufenster; einzelne Kinder treten vor und werden vorgestellt. • Mit einer Sofortbildkamera wird ein Gruppenbild erstellt oder Bilder der einzelnen Kinder und Jugendlichen werden zu einem Bild zusammengefügt. Das fertige Bild wird im Raum aufgehängt. Bei den nächsten Treffen können die Bilder immer wieder betrachtet und den konkreten Personen mit Namen zugeordnet werden. • Lieder zum Kennenlernen: Ich bin so gern bei dir (L 6). Ich habe zwei Hände (L 15). • Spiele, z. B.: »Hänschen, piep einmal«.
	Einander zeigen und erzählen, was wir gern mögen und tun.	• Beim gemeinsamen Frühstück oder Essen die Lieblingsspeisen zeigen, den anderen kosten lassen. • Lied: Esst miteinander (L 24). • Die Lieblingsspiele der einzelnen Kinder herausfinden und miteinander spielen. • Jedes Kind darf sein Lieblingsstofftier (Puppe usw.) mitbringen und in die Mitte legen.
	Gesten und Worte für Annäherung und Distanz finden und erproben.	• Bilder (möglichst aus der Gruppe) ansehen und einordnen. • Gesten pantomimisch darstellen: Sich anblicken, sich die Hand geben, nebeneinander Sitzen, zusammen Gehen, Streicheln, Kuscheln.

Zweiter Themenkreis: Gott begleitet mich   3. Themenfeld: Ich lebe mit anderen

Inhalt	Hinweise	Praxis
		• Die Hände abwehrend ausstrecken; sich einen Platz abseits der Gruppe suchen; nein sagen. • Lied: Ich bin so gern bei dir (L 6).
	Hören und erfahren, dass Gott jede(n) einzelne(n) von uns kennt und liebt.	• Geschichte: Jesus und die Kinder (Mk 10,13–16) (Bilderfries oder Leporello) (M 6). • Beim Erzählen die Jesus-Kerze in die Mitte stellen (siehe »Unterrichts«-gestaltung, Seite 14). • Lied: Jesus hat die/den ... lieb (Variation zu L 3).
Wir sind verschieden. Jede(r) von uns ist besonders und einmalig	Unterschiede kennen lernen.	• Schattenbilder oder Körperumrisse erstellen und vergleichen. Die Namen zuordnen. Alle setzen eine Maske auf. Raten: Wer ist hinter der Maske? Entdecken: Hinter jeder Maske steckt ein besonderes Gesicht. (Variation: Ein Stück Pappe oder ein Tuch vor das Gesicht halten.)
	Besonderheiten entdecken.	• Jacken oder Mäntel tauschen. Die Namen zuordnen. • Herausfinden, was die Einzelnen besonders gut können. • Lied: Weil du anders bist als ich (L 25).
	Sich verändern und von den anderen erkannt werden.	• Ein Kind verändert (mit Hilfe des Gruppenleiters) unbemerkt von den anderen seine Kleidung, Frisur oder Körperhaltung; die anderen raten: Was ist anders? • Zwei tauschen die Plätze, die anderen raten: Wer hat mit wem getauscht?
Wir gehören zusammen	Zusammengehörigkeit erfahrbar und sichtbar machen.	• Einen Kreis bilden: Im Kreis sitzen, stehen, gehen. • Sich anfassen und bei der Hand halten. • Ein rundes Tuch bildet die gemeinsame Mitte: Die Kinder »drucken« ihre Hände auf den Rand oder umfahren sie mit einem Filzstift (dort können die Namen hineingeschrieben oder ein Bild bzw. kleines Foto dazugelegt werden). • Lied: Ich bin so gern bei dir (L 6). • Lied: Ich lade dich ganz herzlich ein (L 7).
	Wenn wir froh, traurig, wütend oder ängstlich sind, sind wir nicht allein.	• Fotos (möglichst von den Kindern selbst) ansehen und sortieren: Wir erkennen frohe oder traurige Kinder. Bei der Auswahl von Bildern anderer Kinder darauf achten, dass behinderte und nichtbehinderte Kinder zu sehen sind.
	Freude und Traurigkeit ausdrücken und erkennen.	• Mit Farben, Tönen und Geräuschen oder in Körperhaltung Freude und Traurigkeit ausdrücken. • Lachen, Hüpfen, Klatschen, Singen, Tanzen als Ausdruck von Freude. • Weinen, in der Ecke Sitzen, Stillsein als Ausdruck von Traurigkeit.

3. Themenfeld: Ich lebe mit anderen — Zweiter Themenkreis: Gott begleitet mich

Inhalt	Hinweise	Praxis
	Behutsam sein, wenn einer von uns – wütend ist, – traurig ist, – ängstlich ist (Situationen aufgreifen).	• Einen »Ärgerberg« gestalten (T 29). • Mit Worten, Gesten trösten: Streicheln, in den Arm nehmen, Trostworte sagen. • Mut machen, begleiten, beten; an die Geschichte »Jesus im Sturm« (Mk 4,35ff.) erinnern (vgl. Zweiten Themenkreis, 2.).
	Gott um seine Nähe bitten.	• Lied: Halte zu mir, guter Gott (L 9).
	Sich gegenseitig eine Freude machen.	• Zum Geburtstag oder bei einer anderen Gelegenheit dem anderen etwas schenken: Ein Bild malen; Blumen pflücken und verschenken; Glückwunschkarten malen oder basteln. • Lied: Gut, dass es dich gibt (L 8). • Lobe-Stuhl: Ein Kind wird auf einen erhöhten Stuhl gesetzt, wir sagen ihm freundliche Dinge, es wird gestreichelt. Abwechselnd kommt jede(r) einmal dran.
	In der Freude am Zusammensein von Gottes Nähe hören und sie feiern.	• Die Mitte gestalten mit dem »Hände-Namen-Tuch«, einer Kerze (die Jesus-Kerze in die Mitte tragen und anzünden). • Andachten gestalten zum Thema: Gott, wir danken dir, dass du bei uns, in unserer Mitte bist (siehe Hinweise zum Zweiten Themenkreis, 2.).
Wir brauchen einander	Aufmerksam werden auf die einzelnen Gruppenmitglieder. Bemerken, wenn ein Kind fehlt.	• Ein Kind verlässt den Raum, die anderen nennen seinen Namen und rufen es herein. • Spiel: »Mein rechter Platz ist leer«. • Ein Kind fehlt; wir überlegen gemeinsam, was wir tun können. Einen Brief schreiben oder telefonieren: »Du fehlst uns, wir vermissen dich!« • Film: Warum weint die Giraffe? (M 7).
	Erleben, wie schön gemeinsames Tun sein kann.	• Partnerspiele, Brettspiele, die die Gruppe kennt. • Auf einer Wippe ausprobieren: Allein kann ich nicht wippen! • Etwas gemeinsam tun: Einen Ausflug machen, miteinander tanzen. • Geschichte »Willst du mit mir spielen?« (T 26). • Arbeitsblatt: Vom Morgen zum Abend (A 17).
	Teilen ist schön, fällt aber nicht immer leicht.	• Dinge, die alle mögen, teilen bzw. verteilen; abgeben. • Du willst – ich will: Dinge, die man nicht teilen kann, in die Mitte legen; alle dürfen wünschen; nicht jeder Wunsch kann erfüllt werden. • Gemeinsam Obstsalat machen; jede(r) trägt eine Frucht dazu bei. • Geschichte vom Obstsalat (T 27). • Lied: Gibst du mir von deinem Apfel ab (L 26). • Geschichte: Jesus teilt das Brot (Joh 6,1–15). • Lied: Der kleine Jonathan (L 27).

Inhalt	Hinweise	Praxis
	Einander helfen und um Hilfe bitten.	• Rollenspiel: Um Hilfe bitten und annehmen. • Worte, Zeichen und Gesten von Bitte und Dank (Beispiel: Reiche mir bitte das Brot! – Danke!) • Rollenspiel: Hilfe anbieten und gewähren: führen, tragen, füttern (Beispiel: Kann ich dir das Brot reichen? – Weitere Beispiele aus der Gruppe). • Geschichte »So einfach ist das« (T 28).
	Streiten und versöhnen.	• Konkrete Anlässe aufnehmen und im Rollenspiel nacherleben; dabei Mimik und Gestik wahrnehmen. • Rollenspiel: »Streiten und versöhnen« (Situationen aus der Gruppe, dem Leben der Kinder und Jugendlichen aufgreifen). • Streiten tut weh: Beispiele erzählen. • Lied: Ich habe zwei Hände (L 15).
	Versöhnung ist schön.	• Streit- und Versöhnungsszenen mit Klängen nachspielen, z. B. auf einem Tambourin, Xylophon. • Pantomime: Streitende beenden ihren Streit: Die Hände reichen, sich umarmen, streicheln, sich entschuldigen, sich wieder ansehen. • Einen neuen Anfang machen, Zeichen dafür finden.
	Wir freuen uns über Gottes Liebe. Wir freuen uns aneinander.	• Lied: Gottes Liebe ist so wunderbar (L 11). • Kindermutmachlied (L 16).

4. Themenfeld: Ich lebe in einer Welt

Gott hat die Welt mit all ihren Geschöpfen geschaffen. Er lässt uns staunen über das, was er geschaffen hat. Gott hatte seine Freude daran, denn was er geschaffen hatte, war gut.

Wenn es uns gelingt, diese Freude an Gottes Schöpfung über die Tiere, über die Pflanzen und alles, was wir um uns herum erleben dürfen, zu vermitteln, dann vermitteln wir gleichzeitig auch das Bewusstsein, dass wir Sorge für das tragen müssen, was wir voller Freude erleben dürfen. Gleichzeitig wird uns aber immer wieder neu bewusst: wir müssen uns darum sorgen, dass auch das geringste Geschöpf sein Leben leben darf.

Gott setzte uns Menschen zu Hütern seiner Schöpfung und aller Geschöpfe ein. Wir sind verantwortlich dafür, dass alle seine Geschöpfe – insbesondere Menschen und Tiere – so leben dürfen, wie Gott will. Das fordert konkret die Fürsorge für die Menschen heraus, die mit uns auf Gottes Welt leben, und für alle Mitgeschöpfe, Tiere, Bäume und Pflanzen.

Wenn ein Kind nicht ganz elementar und positiv erlebt, wie wichtig es für es selbst ist, dass es den anderen gibt, und wenn wir Erwachsenen ihm nicht vermitteln können, wie sehr wir uns darüber freuen, dass es einfach da ist (»Urvertrauen«), dann wird es ihm – wenn es erwachsen geworden ist – kaum gelingen, tragende Beziehungen zu anderen Menschen (zu anderen Geschöpfen) aufzubauen.

Wenn wir nicht im engsten Kreis lernen, füreinander da zu sein, um füreinander zu sorgen und miteinander zu teilen, dann werden wir als Erwachsene nur darüber reden, ohne es praktisch leben zu können. Die Ich-Du-Erfahrung des Kindes ist prägend für sein gesamtes Leben.

Wenn wir mit Liedern, Geschichten und Spielen aktiv handelnd umgehen, gewinnen wir Einsichten in Erlebnisse. Positive Erlebnisse fördern positive Erfahrungen. Einsichten und Erfahrungen bewirken eigenes Handeln. Und dieses Handeln kann ansteckend wirken.

Inhalte	Hinweise	Praxis
Gottes Erde – Grund zum Leben	Gottes Schöpfung mit allen Sinnen erfahren.	• Was wir um uns herum sehen: bewusst machen, benennen, aufzählen, vergleichen.
	Staunen über das, was Gott geschaffen hat.	• Eine Schöpfungslandschaft bauen, die auf einmal entstehen oder nach und nach wachsen kann.
	Allein und mit anderen danken für das, was uns Gott geschenkt hat. Durch Bilder, Geschichten und Lieder alles, was uns Gott mit seiner Schöpfung geschenkt hat, bewusst in den Mittelpunkt stellen.	• Text und Spiel: Eine ganz lange Geschichte (T 30). • Lied: Ich male eine Sonne (L 28). • Text und Gebet: Ich mache meine Augen auf (T 31). • Lied und Bilderbuch: Du hast uns deine Welt geschenkt (L 29) (M 8). • Lied: Ich stehe hier und staune (L 5). • Text und Gebet: Du hast mich so wunderbar erschaffen (T 32). • Lied und Spiel: Das Kinder-Halleluja (L 13).
Wasser ist Teil von Gottes Erde	Vom Wasser erfahren.	• Hände in Wasser tauchen, Wasser über die Hände schütten.
	Wasser gehört zu Gottes Schöpfung.	• Erleben, dass Wasser heiß, warm, kalt sein kann. • Ins Wasser gehen, Wasser am ganzen Körper spüren, sich im Wasser treiben lassen usw.
	Wasser des Lebens. Bewahren des guten Wassers.	• Wasser in unterschiedlicher Form unmittelbar oder durch Filme und Bilder kennen lernen (Bach, Fluss, Meer, friedliches Wasser, reißende Ströme, gefährliches Wasser).

Zweiter Themenkreis: Gott begleitet mich   4. Themenfeld: Ich lebe in einer Welt

Inhalte	**Hinweise**	**Praxis**
		• Lied: Das Kinder-Halleluja, Str. 4: Für das Wasser woll'n wir singen (L 13). (Vgl. auch Ersten Themenkreis, 4.).
Luft zum Leben	Luft zum Atmen, Luft zum Leben.	• Wie können wir Luft fühlen, spüren? • Ich höre mich atmen. • Ich höre den anderen atmen.
	Erfahren, wie wichtig Luft für uns ist.	• Wind machen, Luftstrom erleben (Föhn). • Frische Luft – verbrauchte Luft im Zimmer, Fenster öffnen.
	Gute Luft – schlechte Luft	• Gute Luft – schlechte Luft (an verschiedenen Stoffen riechen). • Schlechte Luft kann gefährlich sein: z. B. Tiefgarage, Gasgeruch. • »Gott hat den Menschen erschaffen und hat ihm seinen Atem gegeben.« • Lied: Das Kinder-Halleluja, Str. 3: Für den Wind, da woll'n wir singen (L 13).
Erde ist Gottes Erde	Erde ist Teil der Schöpfung.	• Erde anfassen, riechen, mit Erde spielen, in der Erde graben, aus Erde etwas formen.
	Unterschiedliche Arten von Erde kennen lernen.	• Unterschiede erleben: Sand, Lehm, Schlamm, weiche Erde (Beet), harte Erde (Weg) usw.
	Erfahren, was uns die Erde Tag für Tag schenkt.	• In die Erde säen, pflanzen. • Lied: Das Kinder-Halleluja, Str. 6: Für die Erde woll'n wir singen (L 13).
Erntedank – Satt werden	Dank für die Ernte, für alles, was Gott wachsen und reifen lässt, für alles, was uns satt macht.	• Beim Ernten im Garten, auf dem Feld usw. zuschauen. • Beim Ernten mithelfen. • Lied: Segne, Gott, du guter Vater (L 50).
	Verpflichtung für andere übernehmen.	• Mit selbst geernteten Früchten usw. ein Essen bereiten, gemeinsam essen, andere dazu einladen. • Text: Die Geschichte vom Obstsalat (T 27). • Spielvorschläge (A 15). • Lied: Gibst du mir von deinem Apfel ab (L 26). • Lied und Spiel: Seht, was wir geerntet haben (L 30). • Lied: Ich stehe hier und staune (L 5). • Ein großes Schöpfungsfest feiern.
Mitgeschöpfe: Pflanzen	Unterschiedliche Pflanzen kennen lernen. Sorgen für Pflanzen.	• Pflanzen beobachten, ihre Namen erfahren. • Pflanzen versorgen, Blumen gießen usw. • Pflanzen zu Hause, in unserem Raum, draußen im Garten, auf der Wiese betrachten.
	Vom Wachsen und Reifen erfahren. Sich an Pflanzen, Blumen erfreuen.	• Erfahren, wie Pflanzen aus der Erde kommen und wachsen. • Säen, pflanzen, für Pflanzen sorgen.

4. Themenfeld: Ich lebe in einer Welt   Zweiter Themenkreis: *Gott begleitet mich*

Inhalte	Hinweise	Praxis
Bäume	Unterschiedliche Bäume kennen lernen. Bäume im Wald – Bäume im Garten. Erfahren, wie sehr wir die Bäume brauchen. Erfahren, wie wichtig es ist, die Bäume zu schützen.	• Bäume an verschiedenen Orten besuchen, ihre Namen erfahren. • Bäume geben uns Sauerstoff. • Bäume geben uns Schutz (Schatten, Lärmdämmung, Schutz vor Regen). • Bäume schenken uns Obst (Äpfel, Birnen u. a.). • Unterschiedliche Bäume malen, basteln; Collage kleben. • Einen Baum pflanzen. • Lied: Mein Baum war einmal klein (L 31).
Tiere	Tiere erleben.	• Tiere direkt erleben. • Stimme, Bewegung eines Tiers erfahren und imitieren.
	Begegnungen mit Tieren ermöglichen. Nicht jedes Tier möchte gestreichelt werden. Für ein Tier sorgen (mit Hilfe der Eltern) usw. Achtung vor dem Tier vermitteln. Tierfreunde	• Kontakt mit dem Tier aufnehmen, wenn das möglich ist (schnuppern lassen, streicheln, füttern). • Beobachten, was in der Realität geschieht, z. B.: Die Katze spielt mit dem Ball; ein Tier wird gefüttert. • Das Tier in seiner natürlichen Bewegung erleben. • Tierlieder. • Tiere in Freiheit, Tiere in Gefangenschaft sehen (Zoo) – Tiere in ihrer Freiheit belassen.
Schöpfung bewahren	Erkennen, dass wir Verantwortung für den Erhalt der Schöpfung, für den Erhalt der Welt tragen, die uns Gott anvertraut hat.	• Lied: Seid behutsam, Leute (L 32). • Aufzeigen, erkennen, bewusst machen, wo gegen Gottes Gebot zur Bewahrung seiner Welt, seiner Schöpfung und seiner Geschöpfe gehandelt wird, aber auch wo und in welcher Weise jeder Einzelne von uns Verantwortung übernehmen kann.

Dritter Themenkreis: Jesus lädt mich ein

1. Themenfeld: Ich lerne Jesus kennen

Wir alle kennen Jesus. Wir hören, was er für uns Menschen getan hat. Durch sein Handeln wird uns das Handeln Gottes deutlich: Er liebt uns; er liebt jeden einzelnen Menschen. Weil Gott uns Menschen in Jesus Christus begegnet, erfahren wir, dass er der Sohn Gottes ist. Jesus Christus ist der Herr! Darauf gründet unser Glaube.

Jemanden kennen lernen heißt auch: ihm begegnen. Die Begegnung mit Jesus kann nur durch Zuwendung erfahren werden. Diese Zuwendung heute geschieht durch Menschen, die aus dem Geist Jesu Christi leben. Eine distanzierte, nüchterne Vermittlung oder Unterweisung in Glaubenssätzen wird kaum zu einer wirklichen Begegnung führen.

Jesus, Sohn Gottes, ist Mensch geworden; er ist unser Freund und Bruder. Er bringt uns das Heil, will heil machen. Mit unseren Sinnen und unserem Herzen begegnen wir Jesus, wenn wir einander begegnen. Wir gestalten unser Leben in seinem Sinne.

Inhalte	Hinweise	Praxis
Jesus ist das Licht der Welt	Hören führt in die Stille. Gemeinsames Hören öffnet uns füreinander. Mehrmaliges Hinhören kann tiefer führen.	• Wir hören eine aufsteigende Tonfolge vom Glockenspiel. • Wir schließen die Augen; wir hören noch einmal hin. Wir sagen oder zeigen, woran uns die Tonfolge erinnert: Treppen aufsteigen – aufgehende Blüte – aufgehende Sonne usw.
	In unsere Dunkelheit kommt das Licht. Das Licht macht hell, richtet auf.	• Wir schauen auf ein gelbes Tuch. • Wir sagen, woran uns das Tuch erinnert: An die Sonne – an das Licht. • Wir zeigen, wie es ist, wenn es dunkel ist: Wir beugen uns vor, krümmen uns zusammen, sind verschlossen. • Wenn die Sonne aufgeht, öffnen wir uns: Eine(r) geht langsam im Kreis herum. Wohin sie/er kommt, richtet sich die/der »Verschlossene« auf. • Wir stellen mit verschiedenen Gesten und Bewegungen die aufgehende Sonne dar.
	Das Licht erinnert an Weihnachten.	• Wir legen ein gelbes Tuch in die Mitte und formen es rund. • Wir schauen auf das Tuch, wir schauen auf das Licht. • Wir hören: Das Licht erinnert an Weihnachten. Wir zünden Kerzen an (evtl. jetzt Christbaumkerzen anzünden und die Weihnachtsgeschichte kurz erzählen).
	Jesus ist das Licht der Welt. Er richtet Menschen auf.	• Die Kerzen erinnern an Jesus. Jesus sagt: »Ich bin das Licht der Welt«. Wir zünden die Jesus-Kerze an. • Lied: Sieben Hirten schlafen (L 37). • Wir hören: Als Jesus erwachsen geworden ist, geht er zu den Menschen. Wohin er kommt, werden die Menschen froh. Wenn er ihnen begegnet, öffnen sie sich. Sie sagen: »Jesus ist unser Licht«. • Spielszene: Wir sitzen gebeugt, die Jesus-Kerze wird im Kreis herumgetragen. Nacheinander richten wir uns auf.

1. Themenfeld: Ich lerne Jesus kennen　　　*Dritter Themenkreis: Jesus lädt mich ein*

Inhalte	Hinweise	Praxis
		• Jede(r) nimmt die Kerze in die Hände, schaut das Licht an. Wir fühlen Licht und Wärme. Wir sagen: »Danke Jesus. Du bist Licht«.
Jesus macht die Menschen heil	Verschlossen-Sein und Sich-Öffnen	• Zwei Kinder bilden ein Tor. Das Tor kann verschlossen sein und sich öffnen. • Jede(r) kann für sich allein ein Tor sein: Arme verschließen und öffnen. • Gespräch: Haben wir noch andere »Tore«? (Augen, Ohren.) • Wir erleben diese »Tore«: Wir schauen auf die brennende Jesus-Kerze. Wir verschließen (mit Hilfe der Hände) die Augen. Wir sehen das Licht nicht. Wir öffnen die Augen (geben den Blick frei). Wir sehen das Licht. – Wir läuten eine Glocke. Wir verschließen die Ohren. Wir hören nichts. Wir öffnen die Ohren. Wir hören. • Lied: Die Menschen öffnen Türen (L 38).
	Jesus öffnet Menschen.	• Bildgeschichte erzählen: Jesus heilt den blinden Bartimäus (Mk 10,46–52) (M 2). • In Spielszenen gestalten (Schwerpunkt: Bartimäus ruft – Jesus hört; Jesus spricht – Bartimäus sieht). • Andere Heilungsgeschichten: Jesus richtet die gekrümmte Frau auf (Lk 13,10–17); Jesus gibt dem Stummen Sprache (Mk 7,31–37).
Jesus erzählt von Gott, dem Vater	Jesus sagt uns, wie Gott ist.	• Wir legen mit farbigen Tüchern eine Landschaft: eine grüne Wiese, einen blauen Bach und braune Berge … • Phantasiereise: Die Geschichte vom verlorenen Schaf (Lk 15,4–7). (Dazu T 34.) • Lied: Mein Schaf hat sich verlaufen (L 22). • Jesus erzählt von den Arbeitern im Weinberg (Mt 20,1–16); Jesus erzählt vom verlorenen Sohn (Lk 15,11–32).
Wir beten mit Jesus	Vaterunser	• Wir werden still. • Wir hören: Jesus betet zu Gott, seinem Vater. Jesus betet mit seinen Freunden. (Dazu T 35.) • Wir lernen das Gebet Jesu, das Vaterunser, mit Bewegungen (A 1). • Lied: Halte zu mir, guter Gott (L 9).
Jesus handelt wie Gott will	Menschen kehren um; Gott freut sich.	• Bildgeschichte erzählen: Zachäus (Lk 19,1–10) (M 1). • Die Geschichte als Rollenspiel szenisch darstellen (evtl. in Auszügen). (Interpretationsschwerpunkte: Jesus ruft Zachäus; Jesus geht zu Zachäus ins Haus; Jesus isst mit Zachäus: Das verwandelt Zachäus. Menschen staunen über Jesus.) • Wir essen miteinander; wir reden miteinander; wir feiern miteinander. • Wir schauen die Jesus-Kerze an und sprechen: »Danke Jesus, du bist bei uns.«

Dritter Themenkreis: Jesus lädt mich ein   1. Themenfeld: Ich lerne Jesus kennen

Inhalte	Hinweise	Praxis
Jesus zeigt uns wie wir handeln sollen	Die Not des anderen sehen und helfen.	• Wir sammeln Bilder von Menschen in Not. • Wir legen mit Tüchern und Gegenständen aus der Natur einen Weg. »Steine« liegen auf dem Weg. Er birgt Gefahren. • Wir legen die Bilder von Menschen in Not an den Weg. • In spielerischer Entfaltung erzählen: Was auf dem Weg passiert (Der barmherzige Samariter, Lk 11,25–37). (Dazu T 36.)
Jesus ist immer bei uns	Brot und Wein (Abendmahl) sind Gaben Jesu und Zeichen seiner Nähe und Gegenwart.	• Wir decken den Tisch, jede(r) trägt dazu bei. • Wir sitzen am Tisch; wir erinnern uns an Geschichten von Jesus und erzählen: Jesus feiert mit seinen Freunden; Gott hat die Menschen lieb. • Wir essen Brot und trinken Wein (Traubensaft): Brot gibt Kraft, Wein macht fröhlich. • Wir hören: Für Jesus ist Essen und Trinken etwas Besonderes. Er sagt: »Ich bin Brot und Wein. Ich gebe dir Kraft, ich mache dich fröhlich«. • Wir hören die Geschichte vom Abendmahl Jesu (nach Mk 14,12–17.22–24). (Dazu T 37.) • Wir teilen mit einander Brot und Wein so wie Jesus es uns aufgetragen hat. • Wir danken Gott für Essen und Trinken, für Brot und Wein; wir danken Gott für Jesus. • Lied: Wir decken den Tisch (L 39). • Lied: Nimm, o Herr, die Gaben (L 43). • Wir feiern Abendmahl/Eucharistie gemeinsam mit anderen Menschen in der Kirche.
Jesus geht den Weg zum Kreuz Hinweis: Dieser Teil darf nicht mit dem Tod Jesu enden; die Verbindung zu Ostern ist unbedingt herzustellen.	Jesus liebt die Menschen bis in den Tod.	• Wir gestalten den Weg Jesu zum Kreuz (T 38). • Lied: Als Jesus gestorben war (L 40). • Wir gestalten mit Bildern einen Kreuzweg. • Evtl. einen Kreuzweg in der Kirche anschauen oder Video (M 5). • Wir legen ein großes Kreuz in die Mitte und bringen alles, was uns bedrückt, als Stein zum Kreuz. Wir sprechen aus, was uns bedrückt. • Wir beten: »Danke Jesus, du trägst unsere Last.«
Jesus ist auferstanden. Jesus lebt	Von der Traurigkeit zu Freude und Hoffnung. Vom Dunkel ins Licht.	• Wir gestalten mit Legematerial einen Garten und legen Blumen hinein. Ein gelbes Tuch darin erinnert an die Sonne: die Sonne weckt Leben, Licht bringt Leben. • Ein schwarzes Tuch erinnert an die Traurigkeit (Jesus ist tot, im Grab). • Wir hören: Die Jesus lieb hatten, sind traurig. Sie wollen sein Grab besuchen und sich an ihn erinnern. • Wir stellen die Jesus-Kerze auf das Tuch. • Wir zünden die Jesus-Kerze an.

1. Themenfeld: Ich lerne Jesus kennen · *Dritter Themenkreis: Jesus lädt mich ein*

Inhalte	Hinweise	Praxis
		• Wir hören: Die Freunde hören die Botschaft: »Jesus ist auferstanden. Jesus lebt!« (Joh 20,11–18).
		• Wir zünden ein Licht an der Jesus-Kerze an. Das Licht geht von einem zum anderen.
		• Wir sprechen einander zu: »Jesus lebt!«
		• Wir tanzen einen Freudentanz.
		• Lied: Singt für Gott ein Lied der Freude (L 48).
	Begegnung mit dem Auferstandenen.	• Bildgeschichte: Die Emmaus-Jünger (Lk 24,13–35).
		• Rollenspiel: Traurig sein, den Kopf hängen lassen, gemeinsam unterwegs sein: Miteinander essen und reden; froh werden; zurückgehen und die gute Nachricht weitersagen.
		• Mahlfeier mit »Osterbrot« und Traubensaft.
		• Lied: Unser Freund heißt Jesus Christ (L 41).
		• Wir sagen es weiter: Gott hat alle Menschen lieb. Wir sind seine Kinder. Wir gehören zu Jesus!
		• Wir bringen unseren Freunden von dem »Osterbrot«.
		• Lied: Für Jesus will ich singen (L 46).

2. Themenfeld: Jesus lädt alle ein

Wenn wir am Abendmahl/Eucharistischen Mahl teilnehmen, erinnern wir uns an Jesus. Wir vertiefen und bestätigen die Gemeinschaft mit Jesus Christus. Er lädt uns ein, mit ihm und der Gemeinde, Gemeinschaft zu haben. Jesus schließt keinen aus. Nur Menschen schließen einander aus oder wir schließen uns selbst aus.

Inhalte	Hinweise	Praxis

Jesus Christus will Gemeinschaft mit allen Menschen, er lädt auch mich ein	Gott will das Heil der Menschen, daher hat er Jesus gesandt. Durch die Taufe gehöre ich zu Jesus Christus.	Jesus zeigt uns, wie sehr Gott die Menschen liebt.
		• Ich höre und sehe von meiner Taufe:
		  – das Taufbecken in der Kirche,
		  – meine Taufkerze,
		  – Bilder von meiner Taufe,
		  – Ich erlebe eine Taufe bei einem Geschwisterkind, in der Gemeinde.
		• Lied: Ich habe einen Namen (L 12).

Ich lebe in der Gemeinschaft mit allen, die zu Jesus gehören	Durch die Taufe gehöre ich auch zur Gemeinde.	• Wie heißt meine Gemeinde? • Ich kenne den Pfarrer/die Pfarrerin. • Ich feiere mit der Gemeinde: Gottesdienst, Pfarrfest ...
	Ich gehöre zur Gemeinde, die Gemeinde braucht jeden Einzelnen.	• Überlegen, was wir in der Gemeinde tun oder tun können, was die Gemeinde für uns tut, was wir uns von der Gemeinde wünschen.
	Die Gemeinde versammelt sich zum Gottesdienst. Sie hört Gottes Wort und feiert das Mahl mit Jesus.	• Wir feiern das Abendmahl/die heilige Messe.
Jesus ist durch den Geist Gottes immer bei uns	Der Geist Gottes nimmt die Angst, macht Mut und stiftet Gemeinschaft. Alle sorgen füreinander.	Von den Begegnungen mit dem Auferstandenen und vom Pfingstereignis erzählen.
Gottes Geist wirkt durch die Menschen in dieser Welt	Ich bin nicht allein, Gottes Geist hilft mir.	• Ich brauche Hilfe für mein Leben – wer gibt mir Hilfe, wenn ich sie brauche?
	Gottes Geist wirkt in Menschen; sie helfen.	• Ich erfahre Hilfe durch Menschen: Eltern, Geschwister, Paten, Großeltern, Seelsorger, Lehrer, Erzieher ... • Helfer in der Not: Martin, Nikolaus, Elisabet, Albert Schweitzer, Mutter Teresa ... Auch heute helfen Menschen einander.
	Durch Konfirmation/Firmung festige ich meine Verbindung zu Gott in der Gemeinschaft der Christen.	• Mir wird die Hand aufgelegt: Gott nimmt mich an. Er schenkt mir Geborgenheit. • Mir wird mit Chrisam das Zeichen des Kreuzes auf die Stirn gezeichnet: Gott stärkt mich. • Ich werde gesegnet: Gott ist bei mir, ich gehöre zu Gott.

3. Themenfeld: Wir feiern gemeinsam mit Jesus

Das Leben ist ein Geschenk Gottes. Das Leben ist geprägt vom lebendigen Wechsel unterschiedlicher Lebensäußerungen: Alltag und Sonn- und Festtage, Alltägliches und Besonderes, Freude und Traurigkeit usw. Die besonderen Situationen des Lebens werden feierlich gewürdigt: Geburt, Geburts- und Namenstage, Taufe, Erstkommunion, Konfirmation und Firmung, Hochzeit, Beerdigung, kirchliche Feiertage des Jahres usw.

Feste und Feiern sind Ausdruck der Zusammengehörigkeit um Gottes willen. Von Jesus selbst ist durch die Evangelisten überliefert, dass er oft an Festen zusammen mit seinen Freunden teilnahm. Er hat mit ihnen gemeinsam gegessen und getrunken, manchmal nur um der Freude über das Miteinander verschiedener Menschen Ausdruck zu geben. So stiftet Jesus auch heute im Miteinander-Feiern Gemeinschaft, die Trennendes und Unterschiede überwinden hilft; er nimmt dadurch beispielhaft Merkmale des Reiches Gottes vorweg.

»Feste feiern« ist die positivste Äußerungsform des Lebens, somit auch des religiösen Lebens. Feste nehmen einen Einschnitt in den alltäglichen Lebensablauf vor und wollen an einen bestimmten Anlass (z. B. Geburtstag), an ein besonderes Ereignis (z. B. die Feste im Kirchenjahr) erinnern; Feste wollen darstellen und hervorheben. Durch verschiedene Mittel und Formen werden Feste je nach Anlass gestaltet. Vorbereitung: Einladungen, Straßen-, Haus- und Raumschmuck, Kleidung, Essen und Trinken, Umzüge, Feuerwerk, Musik, Tanz, Spiel, Ansprachen, Festgottesdienst.

Feste gliedern den Alltag. Feste und Feiern sind Höhepunkte des Lebens. (Am Beispiel von Weihnachten lässt sich allerdings auch erkennen, dass kirchliche Feiertage davon bedroht sind, ihren religiösen Charakter zu verlieren.) Christen feiern das, was ihnen wichtig ist: die Auferstehung Jesu Christi am jeweils ersten Tag der Woche (das ist der Sonntag). Gottesdienst ist Feier um Gottes und der Menschen willen.

In der Vorbereitung auf eine Feier werden einerseits die Bedeutung des Gastgebenden und seine Aufgaben für die Vorbereitung eines Festes bewusst gemacht; andererseits die Ehrung des Gastes und die Freude des Gastgebers über das Miteinander zum Ausdruck gebracht und erlebt. Dabei werden die Elemente einer Abendmahls-/Eucharistiefeier bewusst mit einbezogen. Auf diese Weise wird über bekannte Lebens- und Verhaltensweisen an die Vorbereitung des Abendmahls und der Eucharistie herangeführt.

Inhalte	**Hinweise**	**Praxis**
Ich gehöre zu Jesus	Ich bin eingeladen.	• Wir betrachten das Leporello »Jesus hat die Kinder lieb«. Interpretationsschwerpunkt: Wir kommen zu Jesus (M 9). • Rollenspiel: »Wir gehen zu Jesus« (A 16). • Lied: Jesus ist bei mir (L 34). • Biblische Geschichte: »Der verlorene Sohn« (Lk 15,11–32). • Rollenspiel: »Der verlorene Sohn« (M 3). Lied: Wir feiern heut ein Fest (L 18).
	Nicht jede(r) folgt der Einladung.	• Biblische Geschichte: »Das große Festmahl« (Lk 14,16–24). • Rollenspiel: »Das große Festmahl« (M 3). • Rollenspiel: »Ich lade euch (jedes Gruppenmitglied) ein!«
	Jede/jeder gehört dazu. Tisch-/Mahlgemeinschaft kann Menschen verändern.	• Biblische Geschichte: »Zachäus« (Lk 19,1–10). • Rollenspiel: »Zachäus« (M 3).
	Beim Teilen werden viele satt.	• Lied: Brot, Brot! Danke für das Brot! (L 35).

Dritter Themenkreis: Jesus lädt mich ein   3. Themenfeld: Wir feiern gemeinsam mit Jesus

Inhalte	Hinweise	Praxis
Festvorbereitung	Vorüberlegungen	• Wie ist das, wenn wir Gäste einladen und ein Fest feiern möchten? Was müssen wir dazu alles bedenken und vorbereiten? Was brauchen wir dafür? usw.
Bestandteile einer Feier	Gäste einladen	• Jedes Gruppenmitglied überlegt, wen es zu einer Feier gern einladen möchte, und gestaltet dafür eine Einladungskarte. Diese wird dann bei nächster Gelegenheit übergeben oder per Post (Fax, E-Mail) zugeschickt oder es wird telefonisch eingeladen.
	Brot backen	• In der Gruppe werden ein oder mehrere Brote und/oder Brötchen gebacken, die für das Fest bestimmt sind. Ein besonderes Brot wird für eine geplante Abendmahls-/Eucharistiefeier gestaltet. Je nach Zeitrahmen und Verwendung bieten sich unterschiedliche einfache Rezepte an.
	Weintrauben pressen	• Beispielhaft wird aus Trauben ein Saft (Wein) hergestellt, von dem alle probieren können.
	Lieder singen	• Lied: Kommt alle und seid froh (L 2). • Lied: Wir feiern heut ein Fest (L 18). • Lied: Du hast uns, Herr, gerufen (L 1). • Lied: Wenn wir jetzt weitergehen (L 4).
	Tanz üben	• Ein gemeinsamer Tanz wird eingeübt, damit er bei der Feier mit den Gästen getanzt werden kann.
	Tisch decken	• Der Tisch wird gemeinsam mit allen festlich gedeckt und geschmückt, bevor die Gäste kommen.
Ein Fest feiern	Wir feiern gemeinsam mit unseren Gästen.	Wir feiern das vorbereitete Fest mit unseren Gästen und erzählen von den Treffen in der Gruppe und vom Thema: »Wir feiern gemeinsam mit Jesus«.
Wir feiern Abendmahl/Kommunion	Jesus feiert mit seinen Freunden.	• Wir betrachten ein Bild: »Jesus feiert mit seinen Freunden das Abendmahl«. • Wir malen ein Abendmahlsbild (Einzel- oder Gruppenarbeit). • Biblische Geschichte: »Jesus in Jerusalem« (Mt 26,20–29), Video (M 5) Auszug: Das Abendmahl. • Biblische Geschichte: »Jesus ist auferstanden« (Lk 24,13–35), Video (M 5) Auszug: Die Emmaus-Jünger.
	Wir feiern gemeinsam.	• Wir feiern gemeinsam in der Gruppe Abendmahl/Kommunion. • Wir nehmen in der Kirche an einem Abendmahlsgottesdienst bzw. an einer heiligen Messe teil. • Lied: Unser Leben sei ein Fest (L 36).

B. Gottesdienstbeispiele

- Erstkommunion
- Firmung
- Konfirmation

Erstkommunion

Für den katholischen Christ ist der Tag seiner Erstkommunion ein großer Festtag. Er wird hineingenommen in die Tisch- und Mahlgemeinschaft mit Jesus und der christlichen Gemeinde. »Tut dies zu meinem Gedächtnis!« (Lk 22,19) hat Jesus beim Letzten Abendmahl seinen Jüngern gesagt, und daran erinnert sich die Gemeinde auch in unserer Zeit. Das verbindet die Gemeinschaft der Glaubenden nicht nur räumlich auf der ganzen Welt, sondern auch zeitlich durch die ganze Geschichte.
Diese Verbundenheit mit den Menschen und mit Jesus Christus erfüllt mit Freude und Dankbarkeit.

Kinder mit geistiger Behinderung werden meistens in ihrer Schule auf die Erstkommunion vorbereitet. Oft findet dann auch die Feier in der Pfarrkirche des Schulortes statt. Die Möglichkeit, die Kinder in ihrer Heimatpfarrei zur Erstkommunion zu führen, sollte aber nicht ausgeschlossen werden. Sollte eine zweifache Feier – sowohl in der Klassengemeinschaft als auch in der Heimatpfarrei – gewünscht sein, ist dies mit den Eltern und dem Ortspfarrer zu besprechen.

Gottesdienstbeispiel

Die Kinder stellen sich am Eingang der Kirche auf, werden mit Weihwasser gesegnet und ziehen dann in die Kirche ein.

ZUM EINZUG   Festliches Orgelspiel

Wenn alle ihre Plätze eingenommen haben:

BEGRÜSSUNG

Liebe Kinder,
herzlich begrüße ich euch und Sie, liebe Eltern, liebe Gemeinde, zu unserem festlichen Gottesdienst.
Der heutige Tag ist ein Festtag für die ganze Gemeinde, besonders aber für euch, liebe Kinder.
Viele Wochen habt ihr euch mit den Katecheten auf diesen Tag vorbereitet und in eurem Gesicht sehe ich die große Freude.
Wir alle freuen uns mit euch. Heute dürft ihr zum ersten Mal mit der Gemeinde Mahl halten.
Heute dürft ihr zum ersten Mal Jesus in der heiligen Kommunion empfangen.
Jesus ist euer Freund, er freut sich mit euch.
Ihn wollen wir nun mit einem Lied begrüßen.

LIED[2]   Wir feiern heut ein Fest (L 18).

Liebe Kinder, Jesus ist unser Freund, er ist der Größte, er ist der Herr im Himmel und auf der Erde.
Wir rufen ihn um seine Hilfe an.

KYRIE   Pr.: Jesus, du bist der Freund der Kinder;
               Herr, erbarme dich.

               A.: Herr, erbarme dich. (singen)

               Pr.: Jesus, du bist für uns gestorben und auferstanden;
               Christus, erbarme dich.

               A.: Christus, erbarme dich.

               Pr.: Jesus, du bist das Brot, von dem wir leben,
               und du rufst uns an deinen Tisch;
               Herr, erbarme dich.

               A.: Herr, erbarme dich.

---

[2] Weitere Lieder zur Auswahl im Materialanhang dieses Buches. Sie sind auch in einem eigenen Liederbuch erschienen: »Singt für Gott ein Lied der Freude« (Lahn-Verlag, Limburg, ISBN 3-7840-3181-1).

Erstkommunion — *Gottesdienstbeispiele*

	Pr.: Jesus ist unser Herr und Freund. Er erbarmt sich unser, er verzeiht uns unsere Sünden und hilft uns gut zu sein. Amen.
GLORIA	Wir danken Gott und loben ihn mit einem Lied.
TAGESGEBET	Pr.: Wir wollen beten: Guter Vater, du hast uns zum Festmahl mit Jesus eingeladen. Wir bitten dich: Gib allen, die hier das Fest der Erstkommunion feiern, Freude und Hilfe aus dem Glauben. Darum bitten wir dich durch Jesus Christus, im Heiligen Geist.
	A.: Amen.
LESUNG	
ZW.-GESANG	Lied und Halleluja-Ruf

Nun werden die Kommunionkerzen der Kinder an der Osterkerze angezündet. Die Kinder stellen sich mit den Kerzen um das Lesepult (Ambo).

EVANGELIUM	Lk 24,13–35 (Sie erkannten ihn, als er das Brot brach.)
DANKLIED	
PREDIGT-GESPRÄCH	
TAUFERNEUERUNG	

Liebe Gemeinde, diese Kinder wurden im Glauben ihrer Eltern und der Kirche getauft. Auch heute wollen wir mit den Kindern und für sie den Glauben an Jesus Christus bekennen und unsere Treue zu seiner Kirche bekräftigen.

Zunächst aber stellen sich unsere Kinder mit einem Tauflied persönlich vor:

LIED	Ich habe einen Namen (L 12). 2. Str.: Ich heiße N. und ich bin getauft ...
GEBET	Wir danken dir, Vater im Himmel, dass wir aus Wasser und Geist neu geboren wurden in der Taufe. Wir sind deine Kinder, du hast uns mit Namen gerufen. Du hast uns aus Schuld und Tod gerettet. Wir danken dir mit Jesus, deinem Sohn, im Heiligen Geist. Amen.
LIED (Gemeinde) GL 220, Str. 3	Wir sind getauft auf Christi Tod und auferweckt mit ihm zu Gott. Uns ist geschenkt sein Heilger Geist, ein Leben, das kein Tod entreißt.
FÜRBITTEN	Pr.: Wir wollen nun Jesus unsere Bitten vortragen:
	Kind: Schenke uns Kindern viel Freude, wenn du im heiligen Brot zu uns kommst.
	Lektor: Christus, höre uns. (singen)
	Alle: Christus, erhöre uns. (singen)
	Mutter: Gib uns Mut, Kraft und Freude mit unseren Kindern das Leben zu gestalten.

Lektor:	Christus, höre uns.	
Alle:	Christus, erhöre uns.	
Lehrer:	Hilf uns Seelsorgern, Lehrern und Erziehern, den Kindern das zu geben, was sie zum Leben für Leib und Seele brauchen.	
Lektor:	Christus, höre uns.	
Alle:	Christus, erhöre uns.	
Kind:	Für unsere Eltern und Paten, Erzieher und Seelsorger: Du siehst all das Gute, das sie uns tun. Bewahre sie in deiner Liebe.	
Lektor:	Christus, höre uns.	
Alle:	Christus, erhöre uns.	
Kind:	Für alle Menschen unserer Gemeinde: Lass sie immer für die Belange der Kinder offen sein, besonders auch für Kinder mit Behinderung.	
Lektor:	Christus, höre uns.	
Alle:	Christus, erhöre uns.	
Kind:	Lass uns alle erkennen wie kostbar Brot ist und gib allen Menschen täglich das Brot, das sie zum Leben brauchen.	
Lektor:	Christus, höre uns.	
Alle:	Christus, erhöre uns.	
Pr.:	Herr, bewahre deine Kinder, die du uns gegeben hast. Lass sie dir und den Menschen zur Freude werden. Dir, Herr, sei Ehre, Lob und Ruhm in alle Ewigkeit.	
Alle:	Amen.	

GABENPROZESSION

Lektor: Wenn wir zu einem Fest eingeladen sind, dann bringen wir meist ein Geschenk mit. Auch ihr freut euch sicher auf die Geschenke, die ihr zu eurem Fest bekommt. Geschenke zeigen uns, dass Menschen uns mögen.

Um dies auch Gott zu zeigen, bringen wir jetzt die Gaben zum Altar und bereiten ihn festlich. Mit diesen Gaben bringen wir uns selbst. Mit diesen Gaben wollen wir Jesus zugleich danken, dass er uns alle an seinen Tisch geladen hat.

Kinder bringen nun die Gaben.

1. Kind mit Blumen	Lektor:	Vater, wir bringen Blumen zum Fest. Du hast sie wachsen lassen zu unserer Freude. Du hast auch uns das Leben geschenkt. Mit diesen Blumen danken wir dir für unser Leben.
2. Kind mit Kerzen	Lektor:	Vater, wir bringen Kerzen zum Fest. Sie spenden Licht, wenn es dunkel ist. Du wolltest unser Leben hell machen und hast uns Jesus auf die Erde gesandt. Er hat unser Leben hell gemacht. Mit diesen Kerzen danken wir dir für Jesus, unseren Freund.
3. Kind mit Brot	Lektor:	Vater wir bringen Brot zum Altar. Brot ist Leben. Es kostet viel Mühe und Schweiß, bis wir es essen können. Mit diesem Brot danken wir dir für all deine Sorge um uns.

		Schenke uns das Brot für unser tägliches Leben und Jesus im heiligen Brot zum ewigen Leben.
4. Kind mit Wein	Lektor:	Vater, wir bringen Wein zum Fest. Du hast die Trauben wachsen und reifen lassen. Mit diesem Wein danken wir dir für alle Freuden, die wir uns gegenseitig schenken dürfen, vor allem für die Freude, die du uns an diesem Tag erleben lässt.
GABENLIED		Alles, was wir haben, alle unsre Gaben[3]
PRÄFATION		
SANCTUS-LIED		Unser Lied nun erklingt[4]
KANON – WANDLUNG		Die Kinder stellen sich um den Altar. Sie sind nun wie damals die Apostel ganz nah bei Jesus.
NACH DEM KANON	Pr.:	Guter Gott, du kennst alle Menschen mit Namen. Wir stellen dir nun unsere Kommunionkinder vor: N.N. Nimm sie als deine Kinder an und schenke ihnen in Jesus deine Liebe. Amen.
VATERUNSER	Pr.:	Kinder, ihr seid eingeladen zum Festmahl mit Jesus. Darum wollen wir nun beten, wie er uns zu beten gelehrt hat. (Siehe dazu A 1 oder L 47).
AGNUS DEI-LIED GL 511	V.: A.: V.: A.: V.: A.:	Herr Jesus! Du bist das Lamm, das die Sünden von uns nimmt: O komm, o komm, Herr Jesus. Du bist der Herr, der uns seinen Frieden bringt: O komm, o komm, Herr Jesus. Du bist der Hirt, der uns hier zusammenführt: O komm, o komm, Herr Jesus.
KOMMUNION		Der Priester reicht den Kindern unter Nennung ihres Namens die hl. Kommunion. Während der Kommunionausteilung an die Gemeinde: Orgel, Chor, Instrumentalmusik.
SCHLUSSGEBET	Pr.: A.:	Wir wollen beten. Guter Vater im Himmel, menschenfreundlicher Gott. Du hast uns zum Mahl mit Jesus, deinem Sohn, eingeladen. Wir danken dir von Herzen. Lass uns in der Kraft dieser Speise unser Leben gestalten und selbst werden, was wir empfangen haben: Brot für unsere Schwestern und Brüder. Darum bitten wir dich durch Jesus Christus, unsern Herrn. Amen.
DANK DER KINDER		Hier kann ein meditativer Tanz oder ein Danklied folgen.
SEGEN ÜBER DIE KINDER		
SCHLUSSLIED GL 257, Str. 1, 2, 5		Großer Gott, wir loben dich
AUSZUG		Festliches Orgelspiel

---

[3] Aus Pfälzer Kindermesse; in Liederbuch und Doppel-CD »Es läuten alle Glocken«, Lahn-Verlag, Limburg.
[4] Ebd.

Firmung

Jesus Christus hat in seinem Umgang mit den Menschen, denen er begegnete, deutlich gemacht, dass er uns Menschen voll bejaht. Für ihn gibt es keinen Unterschied auf Grund von Geburt, Intelligenz oder Ansehen. Gerade den Schwachen fühlte er sich besonders nah. Jeder hat in seiner Gemeinschaft Platz und Namen, auch und gerade Menschen mit einer geistigen Behinderung. Es gibt keinen Grund, den Menschen mit einer geistigen Behinderung, die durch die Taufe Gemeinschaft mit Jesus Christus und der Kirche haben, das Sakrament der Firmung vorzuenthalten.

Die Theologie nach dem II. Vatikanum hebt besonders den engen Zusammenhang von Taufe und Firmung hervor. Die Firmung wird verstanden als die eigentliche Vollendung der Taufe. Durch die Taufe wird der Mensch hineingenommen in die Gemeinschaft der Kirche. Die Taufe macht ihn wirklich zum Kind des Vaters im Himmel und er erhält zugleich das Hausrecht (»Wir heißen Kinder Gottes und sind es«). Der Getaufte erhält Anteil an Jesus Christus und erwirkt das Recht, die von Christus eingesetzten und von der Kirche verwalteten Sakramente zu empfangen.

Mit dem Empfang des Sakraments der Firmung wird zweierlei deutlich:

1. Christus löst durch den Firmspender seine Zusage ein: »Ich werde euch nicht als Waisen zurücklassen« (Joh 14,18). »Der Beistand aber, der Heilige Geist, den der Vater in meinem Namen senden wird, der wird euch alles lehren und euch an alles erinnern, was ich euch gesagt habe« (Joh 14,26).
Die Firmung ist also in erster Linie unverdientes Geschenk des Herrn an die Seinen.

2. Das Sakrament der Firmung führt in die volle Teilhabe am Leben der Kirche ein. Der Empfang dieses Sakraments verpflichtet den Gefirmten, Zeuge zu sein für die Heilsbotschaft Jesu. Das Sakrament der Firmung ist Gabe Gottes und Aufgabe zugleich: Freies Geschenk der Liebe und Aufgabe für den Gefirmten.

Mit der Firmung von Menschen mit geistiger Behinderung soll klar zum Ausdruck kommen, dass in der Kirche alle Menschen ihren berechtigten Platz haben. Zugleich ist die Firmung von Menschen mit einer geistigen Behinderung Auftrag an die Gemeinde, diese Menschen in ihrem So-Sein zu akzeptieren und sie in ihre Gemeinschaft aufzunehmen.

Gottesdienstbeispiel

Wenn es die Größe der Gruppe zulässt, erwarten alle den Bischof am Eingang der Kirche.
Der Bischof wird nun in die Kirche geleitet.

ZUM EINZUG	Festliches Orgelspiel
	Der Bischof kniet nieder zu einem kurzen Gebet.
BEGRÜSSUNG	Zwei Firmbewerber begrüßen den Bischof:
	Sehr geehrter Herr Bischof. Wir, die Firmbewerber, begrüßen Sie herzlich. Wir freuen uns, dass Sie zu uns gekommen sind, um uns das heilige Sakrament der Firmung zu spenden.
	(Ein Firmbewerber überreicht dem Bischof einen kleinen Blumenstrauß.)
	Der Bischof erwidert nun den Gruß der Firmbewerber.
ERÖFFNUNGSLIED	Unser Leben sei ein Fest (L 36).
KYRIE GL 246	V.: Send uns deines Geistes Kraft, der die Welten neu erschafft: A.: Christus, Herr, erbarme dich.
	V.: Lass uns als Waisen nicht, zeig uns des Trösters Licht:

Firmung — *Gottesdienstbeispiele*

      A.: Christus erbarme dich.

      V.: Dass in uns das Herz entbrennt,
          deiner Gnade Reich erkennt:

      A.: Christus, Herr, erbarme dich.

GLORIA
GL 282

Lobet und preiset, ihr Völker, den Herrn.

TAGESGEBET

Guter Gott,
wir sind hier, weil du uns eingeladen hast.
Du weißt, dass wir dich brauchen.
Denn wir sind schwach; aber du schenkst uns deine Kraft –
den Heiligen Geist.
Manchmal haben wir Angst; du schenkst uns Mut –
deinen Heiligen Geist.
Manchmal fühlen wir uns allein; du schenkst uns deine Freundschaft –
im Heiligen Geist.
So schenke deinen Heiligen Geist den jungen Menschen, die heute hier die Firmung empfangen. Sie sollen für immer dein sein.
Darum bitten wir dich durch Jesus Christus, unseren Herrn.
Amen.

LESUNG
(Nach 1 Kor 12,12ff.)

Paulus schreibt: Wie der Leib eine Einheit ist, doch viele Glieder hat, so ist es auch mit Christus.
Durch den einen Geist wurden wir in der Taufe alle in einen einzigen Leib aufgenommen.
Und alle wurden mit dem einen Geist gesalbt.
Der Leib hat viele Glieder und ist doch nur ein Leib.
Das Auge kann nicht zur Hand sagen: »Ich brauche dich nicht.«
Der Kopf kann nicht zu den Füßen sagen: »Ich bin nicht auf euch angewiesen.«
Auch die schwächer scheinenden Glieder des Leibes sind unentbehrlich.
Gott hat den Leib so zusammengefügt, dass er dem geringsten Glied mehr Ehre zukommen ließ, damit im Leib kein Zwiespalt entsteht,
sondern alle Glieder einträchtig füreinander sorgen.
Wenn darum ein Glied leidet, leiden alle mit ihm.
Wenn ein Glied geehrt wird, freuen sich alle anderen mit ihm.

ZWISCHENGESANG
GL 530

Halleluja-Rufe

EVANGELIUM
(Joh 20,19–22)

Am Abend dieses ersten Tages der Woche, als die Jünger aus Furcht vor den Juden die Türen verschlossen hatten, kam Jesus, trat in ihre Mitte und sagte zu ihnen: »Friede sei mit euch!« Nach diesen Worten zeigte er ihnen seine Hände und seine Seite. Da freuten sich die Jünger, dass sie den Herrn sahen. Jesus sagte noch einmal zu ihnen: »Friede sei mit euch! Wie mich der Vater gesandt hat, so sende ich euch.«
Nachdem er das gesagt hatte, hauchte er sie an und sprach zu ihnen: »Empfangt den Heiligen Geist!«

Gottesdienstbeispiele — Firmung

PREDIGT-KATECHESE

FIRMUNG

GLAUBENSBEKENNTNIS[5]

B.: Liebe Gemeinde,
mit diesen jungen Christen und für sie
wollen wir unseren Glauben bekennen:
Glaubt ihr, dass Gott unser guter Vater ist,
der Himmel und Erde geschaffen hat?

G.: Amen, wir glauben.

B.: Glaubt ihr, dass Jesus der Sohn Gottes ist, der für uns Mensch wurde, der starb und von den Toten auferstanden ist?

G.: Amen, wir glauben.

B.: Glaubt ihr an den Heiligen Geist, der immer bei uns ist, und der am heutigen Tag auf euch herabkommt?

G.: Amen, wir glauben.

B.: Glaubt ihr an die heilige katholische Kirche, die Gemeinschaft der Heiligen, die Vergebung der Sünden, die Auferstehung der Toten und an das ewige Leben?

G.: Amen, wir glauben.

B.: Das ist unser Glaube, der Glaube der Kirche, zu dem wir uns alle in Jesus Christus bekennen.

LIED
GL 220, Str. 3 u. 4

Wir sind getauft auf Christi Tod.

Der Bischof lädt nun die Gemeinde zum Gebet ein.
Alle knien nieder und beten in Stille.

GEBET

Guter Gott,
du hast diese jungen Menschen in der Taufe zu deinen Kindern gemacht.
Mit dem Zeichen des Wassers hast du ihnen im Heiligen Geist neues Leben geschenkt.
Sende ihnen heute neu deinen Heiligen Geist, den Freund und Begleiter der Menschen.
Er soll ihnen Kraft und Mut geben, damit sie ihren Weg durch dieses Leben finden.
Darum bitten wir dich durch Jesus Christus, unseren Herrn.
Amen.

SPENDUNG DER FIRMUNG

Die Firmbewerber werden nun namentlich aufgerufen.
Die Paten geleiten die Firmbewerber zum Bischof und legen ihre rechte Hand auf die rechte Schulter des Firmbewerbers.

B.: SEI BESIEGELT DURCH DIE GABE GOTTES, DEN HEILIGEN GEIST.

F.: AMEN.

B.: DER FRIEDE SEI MIT DIR.

FÜRBITTEN

Liebe Schwestern und Brüder,
der Heilige Geist schenkt uns einen Glauben, eine Hoffnung
und eine Liebe.

---

5 B = Bischof, G = Gemeinde, F = zu firmende Jugendliche

Firmung *Gottesdienstbeispiele*

Deshalb beten wir im Heiligen Geist zu Christus:
– Schaue auf die Neugefirmten und bleibe ihnen
mit deiner Freundschaft nahe.

Liedruf nach jeder Bitte: Du, Herr, gabst uns dein festes Wort (L 42).

– Sei bei den Eltern und Paten und stärke sie durch dein Wort
und Sakrament.

– Sei bei allen, die ängstlich sind wie damals die Jünger Jesu
und gib ihnen Mut.

– Komm und wirke in unseren Gemeinden, dass in ihnen
das Feuer der Begeisterung brennt.

– Komm zu allen, die traurig sind, und tröste sie.

– Sei bei den Bewohnern dieser Stadt (dieses Dorfes) und lass sie offen
sein für die Belange und Sorgen der Menschen mit einer Behinderung.

– Guter Herr, alle Bitten sind bei dir in guten Händen. Wir danken dir für
deine Güte; wir danken dir für alles, was du uns schenkst; dir sei mit
dem Vater im Heiligen Geist, Ehre und Herrlichkeit in Ewigkeit. Amen.

GABENBEREITUNG

LIED Nimm, o Herr, die Gaben (L 43).

GABENGEBET Guter Gott,
der Tisch ist bereitet. Brot und Wein haben wir gebracht.
Du verlangst nicht viel von uns.
Du bist es ja, der uns beschenken will.
Nimm uns selber an und schenke uns Jesus im heiligen Brot.
Darum bitten wir dich, durch ihn, Christus, unseren Herrn. Amen.[6]

PRÄFATION Gott, du bist groß und es ist richtig, dir zu danken.
Du bist unser guter Vater. Du bist der Herr im Himmel und auf der Erde.
Wir danken dir für alles, was du uns gegeben hast;
besonders danken wir dir für Jesus deinen Sohn.
Er ist das größte Geschenk für uns Menschen.
Heute danken wir dir auch für den Heiligen Geist,
den du uns im Sakrament der Firmung geschenkt hast.
Mit allen Engeln und Heiligen vereinigen wir unsere Stimmen
und singen dir unser Loblied.

SANCTUS Heilig, heilig, heilig ist der Herr des Himmels und der Erde.
Alle Völker werden seine Herrlichkeit sehen.
Hosanna, Hosanna, Hosanna so preisen dich alle.

Nach dem Einsetzungs-
Bericht: B.: Geheimnis des Glaubens.

A.: Wir preisen deinen Tod, wir glauben, dass du lebst,
wir hoffen, dass du kommst zum Heil der Welt.
Komm, o Herr, bleib bei uns, komm, o Herr, Leben der Welt.

VATERUNSER (Siehe dazu A 1 oder L 47).

---

[6] Siehe auch Beispiel Erstkommunion

AGNUS DEI-LIED	Wo zwei oder drei in meinem Namen versammelt sind (L 17).
KOMMUNION	Die Neugefirmten erhalten aus der Hand des Bischofs die heilige Kommunion. Festliches Orgelspiel bzw. Instrumentalspiel.
DANKLIED	Dass du mich einstimmen lässt (L 44).
SCHLUSSGEBET	Guter Gott, die Feier der Firmung ist zu Ende. Wir danken dir und sind froh über das große Geschenk deiner Liebe. Lass uns diese Liebe weiterschenken. Darum bitten wir durch Christus, unseren Herrn. Amen.
SEGEN	
SCHLUSSLIED GL 257, Str. 1, 5, 9, 11	Großer Gott, wir loben dich.

Konfirmation

Für den Gottesdienst zur Konfirmation gelten die gleichen Grundsätze wie bei allen Elementen dieser Arbeitshilfe: Der Gottesdienst ist an den jungen Menschen orientiert, die im Mittelpunkt dieser Feier stehen. An ihren Fähigkeiten und Möglichkeiten zur Kommunikation und Beteiligung orientiert sich die Gestaltung des Gottesdienstes insgesamt und die Wahl der Umsetzung einzelner Elemente der gottesdienstlichen Feier.[7]

Die Konfirmation der Jugendlichen mit geistiger Behinderung kann in unterschiedlicher Weise gefeiert werden. Ob sie in der Wohnort-(Heimat-)gemeinde, in der Gemeinde des Schulorts, in einem besonderen Gottesdienst oder mit den Konfirmandinnen und Konfirmanden ohne Behinderungen gemeinsam konfirmiert werden, hängt von der Ausgangssituation der Vorbereitung, vom Wunsch der jungen Menschen und ihrer Eltern ab. So wünschenswert eine gemeinsame, in die Gemeinde integrierte Konfirmation ist, sollte doch ganz bewusst auf die gegebene Situation und die besonderen Gefühle und Empfindungen der Beteiligten an diesem besonderen Tag im Leben der jungen Christen und ihrer Familien geachtet werden.

In jedem Fall ist darauf zu achten, dass eine möglichst frühzeitige und umfassende Beteiligung von Eltern und Personen der »Heimatgemeinden« erreicht wird, die sich an der Vorbereitung und Gestaltung des Konfirmationsgottesdienstes beteiligen. Wenn die/der konfirmierende Pastorin/Pastor nicht an der Vorbereitung regelmäßig beteiligt war, ist auch sie/er in den letzten Wochen vor der Konfirmation sehr intensiv mit einzubeziehen.[8]

Nach evangelischem Verständnis ist die Konfirmation eine Bestätigung. Einerseits bestätigt Gott seine Zusage, die er in der Taufe gegeben hat. Darin nimmt er das getaufte Kind als sein Kind an. Er begleitet es in seinem Leben, schützt und segnet es. Andererseits bestätigen die jungen Menschen, sich als Gottes Kind annehmen zu lassen und ein Leben im Vertrauen auf Gott und in der Gemeinschaft mit anderen Christen zu leben. Und schließlich bestätigt die Gemeinde, die jungen Menschen als Mitchristen in ihre Gemeinschaft aufzunehmen, sie in ihrem Glauben zu unterstützen und zu begleiten.

Die Feier des Heiligen Abendmahls ist nach evangelischem Verständnis unverzichtbarer Bestandteil der Konfirmationsfeier. Im Abendmahl feiern wir die Gegenwart Jesu Christi und die durch Jesus Christus gestiftete Gemeinschaft mit Gott und untereinander. In Brot und Wein (Traubensaft) sehen, spüren und schmecken wir die Liebe, Freundlichkeit und Zuwendung Gottes, wie sie im Leben, Sterben und Auferstehen unseres Herrn Jesus Christus offenbar geworden ist. Daran erinnern wir uns bei der Konfirmation und in jedem Gottesdienst, wenn wir das Abendmahl miteinander feiern.

Gottesdienstbeispiel

Der Ablauf des Konfirmationsgottesdienstes orientiert sich an den wesentlichen Bestandteilen der Agende für den evangelischen (Konfirmations-)Gottesdienst:
- Feierlicher Einzug
- Liturgischer Eingangsteil
- Wortteil
- Konfirmation
- Abendmahlsfeier
- Liturgischer Abschluss mit Segen
- Feierlicher Auszug

Neben festen Bestandteilen und liturgischen Stücken, die von der gesamten Gottesdienstgemeinde mit vollzogen und so von ihr getragen werden, sind die jungen Menschen, die konfirmiert werden, in besonderer Weise im Gottesdienst »anzusprechen« und an der Gestaltung zu beteiligen. Außer einzelnen liturgi-

---

[7] Siehe dazu auch: Didaktische und methodische Hinweise Seite 12 und Allgemeine Hinweise zur Feier der Liturgie (A 19).
[8] Siehe dazu auch: Allgemeine Hinweise zur Feier der Liturgie (A 19).

Gottesdienstbeispiele — Konfirmation

schen Elementen im Eingangs- und Abschlussteil des Gottesdienstes, bietet sich hier besonders der »Wortteil« des Gottesdienstes an: Dieser Teil wird sonst von der Predigt dominiert. Anstelle der Predigt kann hier ein Spiel, eine Bildbetrachtung, eine Klangcollage, ein Singspiel oder Ähnliches von den Konfirmandinnen und Konfirmanden (eventuell gemeinsam mit anderen) gestaltet werden.

Es folgt beispielhaft der Ablauf eines Konfirmationsgottesdienstes mit dem Schattenspiel einer biblischen Geschichte, das von den jungen Menschen dargestellt wird (A 18).

EINZUG UND VORSPIEL	(Trompete und Orgel)
BEGRÜSSUNG UND ABKÜNDIGUNG	Kirchenvorstand: Ich begrüße Sie im Namen des Kirchenvorstands herzlich zu diesem Konfirmationsgottesdienst mit dem Wochenspruch: »Christus spricht: Kommt her zu mir alle, die ihr mühselig und beladen seid, ich will euch erquicken« (Mt 11,18). Heute ist ein großer Tag für uns alle. Die Konfirmation der Jugendlichen aus der Schule N. N. ist ein besonderer Gottesdienst. Nicht der Pastor predigt, sondern die Konfirmanden predigen mit Hilfe eines Schattenspiels. Und so wie im Spiel der Finanzminister getauft wird, so werden heute N. N. und N. N. getauft und die kleine Schwester von N. N. Für N. N. und N. N. fallen also Taufe und Konfirmation auf denselben Tag. Deshalb sind auch der Taufspruch und der Konfirmationsspruch derselbe. Zur Feier des heiligen Abendmahls wird Traubensaft gereicht. Wir versammeln uns in mehreren Tischrunden im Halbkreis um den Altar.
Klangschale, Kerzen und Spruch:	»Jesus Christus spricht: Ich bin das Licht der Welt«.[9]
LIED EG 168, Str. 1	Du hast uns, Gott, gerufen
GEBET	Pastor: Guter Gott, du hast uns auf unserem Lebensweg bis heute begleitet. In der Konfirmandengruppe haben wir erfahren, dass du es gut mit uns meinst. Du kennst uns und hast uns lieb. Dafür sind wir dankbar. Gott, wir bitten dich, sei du heute bei uns, segne uns mit deinem Heiligen Geist und begleite uns auf unserem weiteren Lebensweg. Amen.
LESUNG Lk 4,14–21	(Gast aus der Heimatgemeinde eines Konfirmanden, Vorbereitungsteam)
LIED EG 317, Str. 1, 2, 5	Lobe den Herren, den mächtigen König
SCHATTENSPIEL	anstelle einer Predigt (Konfirmandinnen und Konfirmanden)[10] Dabei Lied: Der Herr ist mein Licht ..., Text: nach Psalm 27,1 dtsch. Fassung: D. Trautwein, Melodie: J. Berthier, Taizé, und Lied: Du hast uns, Gott, gerufen (EG 168, Str. 1–3).

---

9 Vorbereitungsteam (Siehe auch: A. Vorbereitung auf Kommunion, Firmung und Konfirmation, Allgemeine Hinweise, »Unterrichts«-gestaltung Seite 14)

10 Text des Schattenspiels und weitere Hinweise: siehe A 18. Weitere Gottesdienstbeispiele sowie Schattenspieltexte und -anleitungen auf Anfrage beim Autor: Ulrich Beuker, Zechlinstr. 27, 21335 Lüneburg.

Konfirmation *Gottesdienstbeispiele*

TAUFE UND KONFIRMATION

GLAUBENSBEKENNTNIS EG 904

TAUFBEFEHL (Mt 28,19) (Gast)

        Füllen des Taufbeckens durch Konfirmanden,
dabei Lied: Gott, der du schufst alles Leben ... (EG 211, Str. 1, 2, 4, 5).

LIED   Heute bist du Kind Gottes geworden (José Ramon Moran, Hamburg)

EINSEGNUNG   (Konfirmation) (Pastor und Diakon)

Liebe Konfirmandinnen und Konfirmanden, ein Jahr lang haben wir uns einmal in der Woche getroffen.
Immer donnerstags in der Mittagszeit. Ihr hattet schon viele Stunden Schule hinter euch. Eigentlich hättet ihr müde sein müssen. Das wart ihr aber nicht, sondern sehr lebendig und interessiert am Konfirmandenunterricht. Ihr wart eine tolle Gruppe.

Ich danke allen, die die Gruppe begleitet haben. Zur Gruppe gehörten Diakon N. N., der die Arbeit für Menschen mit Behinderungen im Kirchenkreis leitet, als junge Diakone haben mitgearbeitet: N. N. und N. N., N. N. und N. N. brachten Schwung in den Kurs und N. N. war zeitweise mit dabei.
Und ich danke auch den Zivildienstleistenden, die N. N. so liebevoll begleitet haben: N. N. und N. N.
Wir hoffen, dass wir viele Konfirmanden in der Mittwochsgruppe wiedersehen.
In diesem Kurs gab es eine Begegnung während einer Konfirmandenfreizeit mit der anderen Konfirmandengruppe aus unserer Nachbargemeinde. Wir verbrachten lustige und kreative Tage in ...
Heute feiern wir nun Konfirmation.

Der Konfirmationsspruch für euch alle lautet:
»Jesus Christus spricht: Ich bin das Licht der Welt«.
Das sprechen wir nun gemeinsam: »Jesus Christus spricht: Ich bin das Licht der Welt«.

Kommt nun zum Altar und lasst euch segnen!

EINSEGNUNGSFORMEL: Gott segne dich mit seiner Gnade.
Er beschütze dich vor allem Bösen,
er bewahre dich zu allem Guten
und ermögliche dir ein erfülltes Leben.
Friede ☨ sei mit dir. Amen.

LIED   Den Weg wollen wir gehen
(Neue Gemeindelieder, Gustav Bosse Verlag, Kassel)

ABENDMAHL   (Pastor und Diakon)
Nach der in der Gemeinde üblichen festlichen Liturgie.

LIED beim Abendmahl   Wie Blinde stolpern wir im Dunkeln
(Text: E. Bücken, Musik: W. Teichmann)

LIED   Das sollt ihr, Jesu Jünger, nie vergessen
EG 221, Str. 1–3

FÜRBITTEN	(Eltern und Vorbereitungsteam)

Guter und barmherziger Gott,
wir sind dir dankbar, dass du diese jungen Menschen in deinen Bund der Liebe und Fürsorge aufgenommen hast. Begleite N. N. und die Konfirmandinnen und Konfirmanden auf ihrem weiteren Lebensweg und stell ihnen Engel zur Seite.
Wir denken heute auch an alle Menschen, die für uns verantwortlich sind und sich um uns sorgen: Eltern, Erzieherinnen und Erzieher, Lehrerinnen und Lehrer usw.,
an die Sozialarbeiter, an die Politiker, an die Unternehmer, an die Ärzte und die Krankenschwestern und an viele andere Menschen.
Lass sie nicht vergessen, Gott, dass du ein Freund des Lebens bist, auch des schwachen Lebens. Ermutige sie, diejenigen nicht aus dem Blick zu verlieren, die Hilfe zum Leben benötigen.

Wir denken heute auch an die Verstorbenen und deren Angehörige und Freunde. Begleite die Trauernden mit deinem tröstenden Geist und lehre uns bedenken, dass auch wir sterben müssen. Wir leben und sterben in der Gewissheit, dass wir in deiner Hand geborgen sind und dass du uns aufnimmst in dein himmlisches Reich.

Lasst uns nun im Stillen beten und unsere Gedanken, Gefühle und Hoffnungen vor dir – Gott – aussprechen.

Wir beten gemeinsam:

VATERUNSER

LIED EG 170, Str. 1–3	Komm, Herr, segne uns
SEGEN (Pastor)	
AUSZUG und Nachspiel:	Amen ... (trad. Spiritual)

C. Bausteine – Materialien

- **Lieder**
- **Texte**
- **Arbeitshilfen**
- **Medien**

L = Lieder

L 1 Du hast uns, Herr, gerufen, S. 65
L 2 Kommt alle und seid froh, S. 65
L 3 Jesus hat die Kinder lieb, S. 66
L 4 Wenn wir jetzt weitergehen, S. 66
L 5 Ich stehe hier und staune, S. 66
L 6 Ich bin so gern bei dir, S. 67
L 7 Ich lade dich ganz herzlich ein, S. 67
L 8 Gut, dass es dich gibt, S. 68
L 9 Halte zu mir, guter Gott, S. 69
L 10 Ich falte meine Hände, S. 69
L 11 Gottes Liebe ist so wunderbar, S. 70
L 12 Ich habe einen Namen, S. 71
L 13 Für die Sonne woll'n wir singen –
    Das Kinder-Halleluja, S. 71
L 14 Gott, du bist ja bei mir, S. 73
L 15 Ich habe zwei Hände, S. 73
L 16 Wenn einer sagt: Ich mag dich –
    Kindermutmachlied, S. 74
L 17 Wo zwei oder drei in meinem Namen
    versammelt sind, S. 75
L 18 Wir feiern heut ein Fest, S. 75
L 19 Ein bunter Regenbogen, S. 76
L 20 Gottes guter Segen sei mit euch, S. 77
L 21 Sankt Martins Lied – Ein armer Mann, S. 77
L 22 Mein Schaf hat sich verlaufen, S. 78
L 23 Zwei Jünger gehn abends nach Emmaus –
    Das Emmaus-Jünger-Lied, S. 79
L 24 Esst miteinander, S. 79
L 25 Weil du anders bist als ich, S. 80
L 26 Gibst du mir von deinem Apfel ab, S. 81
L 27 Der kleine Jonathan, S. 82
L 28 Ich male eine Sonne, S. 83
L 29 Du hast uns deine Welt geschenkt, S. 84
L 30 Seht, was wir geerntet haben, S. 85

L 31 Mein Baum war einmal klein, S. 86
L 32 Seid behutsam, Leute, S. 86
L 33 Tragt in die Welt nun ein Licht, S. 87
L 34 Jesus ist bei mir, S. 87
L 35 Brot, Brot! Danke für das Brot!, S. 87
L 36 Unser Leben sei ein Fest, S. 88
L 37 Sieben Hirten schlafen, S. 88
L 38 Die Menschen öffnen Türen, S. 89
L 39 Wir decken den Tisch, S. 90
L 40 Als Jesus gestorben war, S. 90
L 41 Unser Freund heißt Jesus Christ, S. 91
L 42 Du, Herr, gabst uns dein festes Wort, S. 91
L 43 Nimm, o Herr, die Gaben, S. 92
L 44 Dass du mich einstimmen lässt, S. 92
L 45 Butter, Honig, Marmelade, S. 93
L 46 Für Jesus will ich singen, S. 93
L 47 Sag uns, was wir sagen sollen, S. 94
L 48 Singt für Gott ein Lied der Freude, S. 95
L 49 Tauflied, S. 95
L 50 Segne, Gott, du guter Vater, S. 96

Hinweis: Um das Kopieren der Lieder zu vermeiden, sind diese in dem Liederbuch »Singt für Gott ein Lied der Freude« im Lahn-Verlag, Limburg, erschienen (ISBN 3-7840-3181-1).

Alphabetisches Verzeichnis der Lieder

Als Jesus gestorben war, L 40
Brot, Brot! Danke für das Brot!, L 35
Butter, Honig, Marmelade, L 45
Dass du mich einstimmen lässt, L 44
Der kleine Jonathan, L 27
Die Menschen öffnen Türen, L 38
Du hast uns deine Welt geschenkt, L 29
Du hast uns, Herr, gerufen, L 1
Du, Herr, gabst uns dein festes Wort, L 42
Ein bunter Regenbogen, L 19
Esst miteinander, L 24
Für die Sonne woll'n wir singen –
   Das Kinder-Halleluja, L 13
Für Jesus will ich singen, L 46
Gibst du mir von deinem Apfel ab, L 26
Gott, du bist ja bei mir, L 14
Gottes guter Segen sei mit euch, L 20
Gottes Liebe ist so wunderbar, L 11
Gut, dass es dich gibt, L 8
Halte zu mir, guter Gott, L 9
Ich bin so gern bei dir, L 6
Ich falte meine Hände, L 10
Ich habe einen Namen, L 12
Ich habe zwei Hände, L 15
Ich lade dich ganz herzlich ein, L 7
Ich male eine Sonne, L 28
Ich stehe hier und staune, L 5
Jesus hat die Kinder lieb, L 3
Jesus ist bei mir, L 34
Kommt alle und seid froh, L 2
Mein Baum war einmal klein, L 31
Mein Schaf hat sich verlaufen, L 32
Nimm, o Herr, die Gaben, L 43

Sag uns, was wir sagen sollen, L 47
Sankt Martins Lied – Ein armer Mann, L 21
Segne, Gott, du guter Vater, L 50
Seht, was wir geerntet haben, L 30
Seid behutsam, Leute, L 32
Sieben Hirten schlafen, L 37
Singt für Gott ein Lied der Freude, L 48
Tauflied, L 49
Tragt in die Welt nun ein Licht, L 33
Unser Freund heißt Jesus Christ, L 41
Unser Leben sei ein Fest, L 36
Weil du anders bist als ich, L 25
Wenn einer sagt: Ich mag dich –
   Kindermutmachlied, L 16
Wenn wir jetzt weitergehen, L 4
Wir decken den Tisch, L 39
Wir feiern heut ein Fest, L 18
Wo zwei oder drei in meinem Namen
   versammelt sind, L 17
Zwei Jünger gehn abends nach Emmaus –
   Das Emmaus-Jünger-Lied, L 23

L 1

Du hast uns, Herr, gerufen

T u. M: Kurt Rommel
© Strube Verlag, München – Berlin

V/A: 1. Du hast uns, Herr, gerufen, und darum sind wir hier. *V:* Wir sind jetzt deine Gäste und danken dir. *A:* Wir sind jetzt deine Gäste und danken dir.

2. ||: Du legst uns deine Worte
und deine Taten vor. :||
||: Herr, öffne unsre Herzen
und unser Ohr. :||

3. ||: Herr, sammle die Gedanken
und schick uns deinen Geist, :||
||: der uns das Hören lehrt
und dir folgen heißt. :||

L 2

Kommt alle und seid froh

T: Rolf Krenzer   M: Peter Janssens
© Peter Janssens Musik Verlag, Telgte

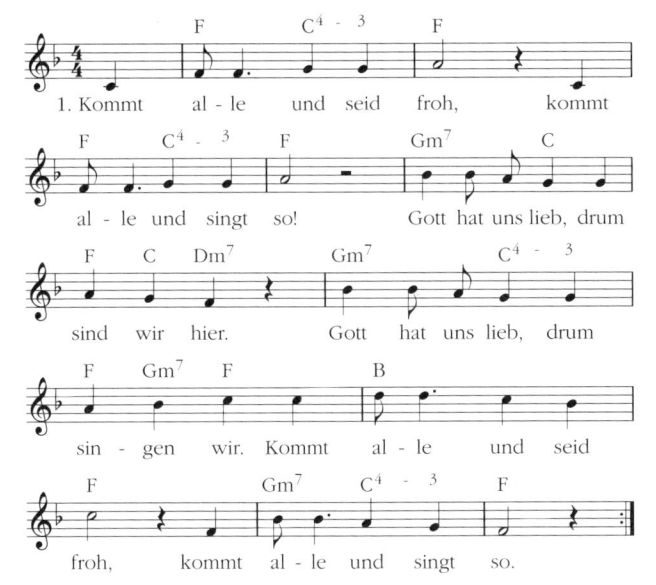

1. Kommt alle und seid froh, kommt alle und singt so! Gott hat uns lieb, drum sind wir hier. Gott hat uns lieb, drum singen wir. Kommt alle und seid froh, kommt alle und singt so.

2. Kommt alle und seid froh,
kommt alle und klatscht so!
Gott hat uns lieb,
drum sind wir hier.
Gott hat uns lieb,
drum klatschen wir.
Kommt alle und seid froh,
kommt alle und klatscht so.

3. Kommt alle und seid froh,
kommt alle und lacht so!
Gott hat uns lieb,
drum sind wir hier.
Gott hat uns lieb,
drum lachen wir.
Kommt alle und seid froh,
kommt alle und lacht so.

4. Kommt alle und seid froh,
kommt alle und tanzt so!
Gott hat uns lieb,
drum sind wir hier,
Gott hat uns lieb,
drum tanzen wir.
Kommt alle und seid froh,
kommt alle und tanzt so.

L 3

Jesus hat die Kinder lieb

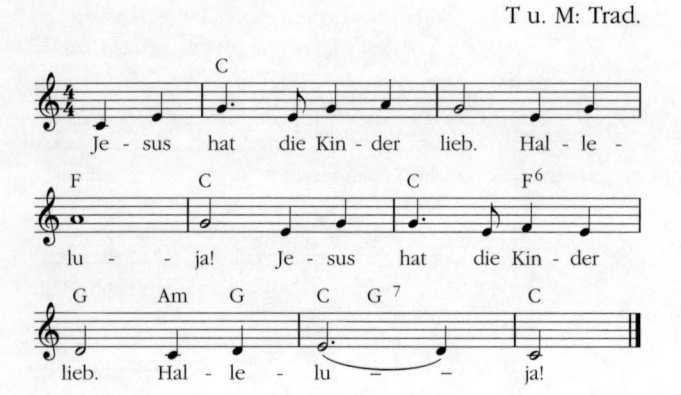

T u. M: Trad.

L 4

Wenn wir jetzt weitergehen

T u. M: Kurt Rommel
© Strube Verlag, München – Berlin

2. V/A: Wir nehmen seine Worte
und Taten mit nach Haus
V: und richten unser Leben
nach seinem aus,
A: und richten unser Leben
nach seinem aus.

3. V/A: Er hat mit seinem Leben
gezeigt, was Liebe ist.
V: Bleib bei uns heut und morgen,
Herr Jesus Christ,
A: bleib bei uns heut und morgen,
Herr Jesus Christ.

L 5

Ich stehe hier und staune

T: Rolf Krenzer
M: Martin Göth
© Lahn-Verlag, Limburg

2. Du gibst uns satt zu essen,
dass keiner Hunger hat.
Wenn einer mit dem andern teilt,
dann wird auch jeder satt.
Dann wird, dann wird,
dann wird auch jeder satt.

3. Ich freue mich am Leben
und an dem Sonnenschein.
Für das, was Gott mir täglich schenkt,
will ich ihm dankbar sein.
Will ich, will ich,
will ich ihm dankbar sein.

4. So steh' ich hier und staune
und lass es froh geschehn.
Du schenkst uns
jeden Tag so viel.
Ich kann's, ich kann's,
ich kann's ja selber sehn.

L 6

Ich bin so gern bei dir

T: Rolf Krenzer
M: Ludger Edelkötter
© Impulse Musikverlag, Drensteinfurt

[Noten: 1. Ich bin so gern bei dir! Ich bin so gern bei dir! Drum ge-he ich jetzt auf dich zu, dann bist du nah bei mir, dann bist du nah bei mir.]

2. Ich geb' dir meine Hand.
   Ich geb' dir meine Hand.
   Und wenn wir zwei zusammen stehn,
   dann sind wir gleich bekannt,
   dann sind wir gleich bekannt.

3. Ich geb' dir meinen Arm.
   Ich geb' dir meinen Arm.
   Und wenn wir zwei zusammen gehn,
   dann wird es mir ganz warm,
   dann wird es mir ganz warm.

4. Komm, leg den Arm um mich!
   Komm, leg den Arm um mich!
   Und wenn wir zwei zusammen gehn,
   weißt du, dann freu' ich mich,
   weißt du, dann freu' ich mich.

5. So tanze ich mit dir.
   Und so tanzt du mit mir.
   Und alle Leute, die das sehn,
   die machen's so wie wir,
   die machen's so wie wir!

L 7

Ich lade dich ganz herzlich ein

T: Rolf Krenzer
M: Inge Lotz
© bei den Autoren

[Noten: 1. Ich la-de dich ganz herz-lich ein, komm doch zu mir he-rein. Ich wer-de mich ganz si-cher freu'n und wir sind nicht al-lein.]

2. Der Himmel ist hoch über uns
   und hier bei uns im Haus.
   Gott ist bei dir, Gott ist bei mir,
   drum ruh' dich bei mir aus.

L 8

Gut, dass es dich gibt

T: Rolf Krenzer
M: Ludger Edelkötter
© Impulse Musikverlag, Drensteinfurt

[Noten: 1. Hier könnt ihr all' das Irmchen sehn, ist Irmchen nicht ganz wunderschön? Und wer sie vorher noch nicht sah, der denkt: »Oho! Aha!« Refrain: Ich freu' mich, ich freu' mich, ich freu' mich, dass du da bist und gut, dass es dich gibt, und gut, dass es dich gibt.]

2. Hier könnt ihr all den Stephan sehn.
   Singt Stephan nicht ganz wunderschön?
   Und wer ihn vorher noch nicht sah,
   der sagt: »Oho! Aha!«

3. Den Benjamin könnt ihr auch sehn.
   Malt Benjamin nicht wunderschön?
   Und wer das vorher noch nicht sah,
   der sagt: »Oho! Aha!«

4. Die Annabell ist hier zu sehn.
   Pfeift Annabell nicht wunderschön?
   Und wer sie vorher noch nicht sah,
   der sagt: »Oho! Aha!«

5. Hier könnt ihr all die Sylvia sehn.
   Tanzt Sylvia nicht wunderschön?
   Und wer sie vorher noch nicht sah,
   der sagt: »Oho! Aha!«

6. Jetzt könnt ihr all den Daniel sehn.
   Kocht Daniel nicht wunderschön?
   Und wer das vorher noch nicht sah,
   der sagt: »Oho! Aha!«

Mit diesem Lied kann jeder Teilnehmer in einer Spielrunde vorgestellt werden. Er kann sich aufstellen oder mitten in den Kreis treten, er kann zeigen, was Besonderes an ihm dran ist oder was er Besonderes kann. Es reicht aber auch, wenn er einfach nur da ist. Denn das ist wirklich das Besondere an ihm, nämlich dass es ihn gibt.

Man kann auch einen »Lobestuhl« mitten in den Kreis stellen, einen besonders geschmückten Stuhl oder einen bequemen Sessel. Einer darf sich darauf setzen, wir gehen um ihn herum und singen, weil er da ist und weil es ihn, gerade ihn gibt.

L 9

Halte zu mir, guter Gott

T: Rolf Krenzer
M: Ludger Edelkötter
© Impulse Musikverlag, Drensteinfurt

[Noten: 1. Halte zu mir, guter Gott, heut' den ganzen Tag. Halt' die Hände über mich, was auch kommen mag. Halte zu mir, guter Gott, heut' den ganzen Tag. Halt' die Hände über mich, was auch kommen mag.]

2. Du bist jederzeit bei mir.
   Wo ich geh' und steh',
   spür' ich, wenn ich leise bin,
   dich in meiner Näh'.
   Halte zu mir, guter Gott,
   heut' den ganzen Tag.
   Halt' die Hände über mich,
   was auch kommen mag.

3. Gibt es Ärger oder Streit
   und noch mehr Verdruss,
   weiß ich doch, du bist nicht weit,
   wenn ich weinen muss.
   Halte zu mir, guter Gott,
   heut' den ganzen Tag.
   Halt' die Hände über mich,
   was auch kommen mag.

4. Meine Freude, meinen Dank,
   alles sag' ich dir.
   Du hältst zu mir, guter Gott,
   spür' ich tief in mir.
   Halte zu mir, guter Gott,
   heut' den ganzen Tag.
   Halt' die Hände über mich,
   was auch kommen mag.

L 10

Ich falte meine Hände

T: Rolf Krenzer
M: Detlev Jöcker
© Menschenkinder Verlag, Münster

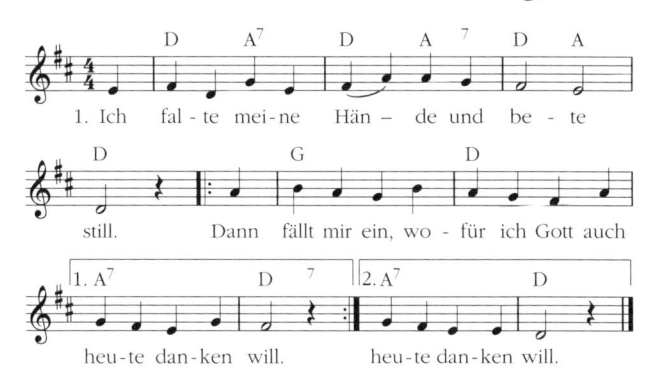

[Noten: 1. Ich falte meine Hände und bete still. Dann fällt mir ein, wofür ich Gott auch heute danken will. heute danken will.]

2. Ich falte meine Hände
   und bete still.
   Dann fällt mir ein,
   wofür ich Gott
   auch heute bitten will.
   Dann fällt mir ein,
   wofür ich Gott
   auch heute bitten will.

3. Wir falten unsre Hände
   und beten still,
   dass Gott uns hört und weiß,
   wofür ihm jeder danken will,
   dass Gott uns hört und weiß,
   wofür ihm jeder danken will.

4. Wir falten unsre Hände
   und beten still,
   dass Gott uns hört und weiß,
   wofür ihm jeder bitten will,
   dass Gott uns hört und weiß,
   wofür ihm jeder bitten will.

Anregungen zum Lied s. S. 70.

(Gebetshaltung, Hinführung zum leisen Gebet, Erfahrung der Stille, leises Gebet des einzelnen Kindes wird in den beiden letzten Strophen zum gemeinsamen leisen Gebet ausgeweitet.)

Der erste Vers kann auch gesprochen werden und bereits unser ganzes Gebet sein oder als Einführung zu dem gesprochen werden, was wir Gott noch alles sagen wollen.

Zur Gebetshaltung: Der Erwachsene kann seine Hände über die Hände des Kindes legen. Wir können die Hände aneinanderlegen, ohne sie zu falten.
Wir können uns auch beim Beten die Hände geben und ganz fest halten. Im Gottesdienst können wir im Kreis sitzen oder stehen und uns beim Beten alle an den Händen fassen.
Auch den Text können wir ändern:

Ich falte meine Hände
und werde still.
Dann fällt mir ein,
wofür ich Gott
heut Abend danken will.

L 11

Gottes Liebe ist so wunderbar

T und M: Trad.

1. Gottes Liebe ist so wunderbar, Gottes Liebe ist so wunderbar, Gottes Liebe ist so wunderbar, so wunderbar groß: So groß, kann nicht größer sein, so tief, kann nicht tiefer sein, so weit, kann nicht weiter sein, so wunderbar groß.

2. Gottes Treue ist so wunderbar,
Gottes Treue ist so wunderbar,
Gottes Treue ist so wunderbar,
so wunderbar groß: So groß,
kann nicht größer sein, so tief,
kann nicht tiefer sein, so weit,
kann nicht weiter sein,
so wunderbar groß.

3. Gottes Gnade ist so wunderbar,
Gottes Gnade ist so wunderbar,
Gottes Gnade ist so wunderbar,
so wunderbar groß: So groß,
kann nicht größer sein, so tief,
kann nicht tiefer sein, so weit,
kann nicht weiter sein,
so wunderbar groß.

L 12

Ich habe einen Namen

T: Rolf Krenzer
M: Peter Janssens
© Peter Janssens Musik Verlag, Telgte

2. Ich heiße Dorothee
und ich bin getauft.
Ja, du heißt Dorothee
und du bist getauft.
||: Freut euch alle,
freut euch alle,
wir sind getauft,
Gott hat uns lieb. :||

3. Wir haben einen Namen
und wir sind getauft.
Wir haben einen Namen
und wir sind getauft.
||: Freut euch alle,
freut euch alle,
wir sind getauft,
Gott hat uns lieb. :||

L 13

Für die Sonne woll'n wir singen

Das Kinder-Halleluja

T: Rolf Krenzer
M: Peter Janssens
© Peter Janssens Musik Verlag, Telgte

[Noten: ... singen wir, halleluja, dir zum Dank das Sonnenlied. halleluja, halleluja.]

2. Für die Sterne woll'n wir singen.
   Singt mit uns das Sternenlied!
   Hoch am Himmel in der Ferne
   leuchten nachts für uns die Sterne.
   Gott will, dass es so geschieht.
   Gab die Sterne uns als Brüder.
   Darum singen wir, halleluja,
   darum singen wir, halleluja,
   dir zum Dank das Sternenlied.

3. Für den Wind, da woll'n wir singen.
   Singt mit uns dem Wind ein Lied!
   Wir sind stets von Luft umgeben,
   Luft zum Atmen, Luft zum Leben.
   Gott will, dass es so geschieht.
   Wind und Luft sind unsre Brüder.
   Darum singen wir, halleluja,
   darum singen wir, halleluja,
   dir zum Dank dem Wind ein Lied.

4. Für das Wasser woll'n wir singen.
   Singt mit uns das Wasserlied!
   Wasser, das von Gott gegeben,
   lässt die ganze Schöpfung leben.
   Gott will, dass es so geschieht.
   Gab das Wasser uns zur Schwester.
   Darum singen wir, halleluja,
   darum singen wir, halleluja,
   dir zum Dank das Wasserlied.

5. Für das Feuer woll'n wir singen.
   Singt mit uns das Feuerlied!
   Rote Glut und helle Flammen.
   Wärmt euch und rückt eng zusammen!
   Gott will, dass es so geschieht.
   Gab das Feuer uns zum Bruder.
   Darum singen wir, halleluja,
   darum singen wir, halleluja,
   dir zum Dank das Feuerlied.

6. Für die Erde woll'n wir singen.
   Singt der Erde jetzt ein Lied!
   Alles, was wir um uns sehen,
   wo wir stehn, wohin wir gehen,
   Gott will, dass es so geschieht.
   Schwester Erde, Mutter Erde.
   Darum singen wir, halleluja,
   darum singen wir, halleluja,
   deiner Erde unser Lied.

7. Für den Tod woll'n wir auch singen.
   Singt mit uns dem Tod ein Lied!
   Wenn das Leben hier zu Ende,
   nimmt er uns in seine Hände.
   Gott will, dass es so geschieht.
   Er hat Leben uns gegeben.
   Darum singen wir, halleluja,
   darum singen wir, halleluja,
   dir zum Dank dem Tod ein Lied.

8. Für das Leben woll'n wir singen.
   Singt mit uns das Lebenslied!
   Dass wir sind und dass wir leben,
   wachen, schlafen, nehmen, geben,
   Gott will, dass es so geschieht.
   Er hat Leben uns gegeben.
   Darum singen wir, halleluja,
   darum singen wir, halleluja,
   dir zum Dank das Lebenslied.

9. Halleluja woll'n wir singen.
   Singt für Gott das schönste Lied!
   Darum singen wir zusammen,
   loben, preisen seinen Namen,
   dass es um die Erde zieht.
   Herr und Schöpfer, unser Vater!
   Darum singen wir, halleluja,
   darum singen wir, halleluja,
   unserm Gott das schönste Lied.

L 14

Gott, du bist ja bei mir

T: Rolf Krenzer
M: Peter Janssens
© Peter Janssens Musik Verlag, Telgte

(Noten: 1. Gott, du bist mein Hirte. Drum fürcht' ich keine Not. Du gibst mir zu trinken und immer wieder Brot. Du gibst mir zu trinken und immer wieder Brot. Refrain: Gott, du bist ja bei mir, darum geht's mir gut. Herr, du schützt mich und du führst mich und das macht mir Mut.)

2. Folg' ich auf dem Weg dir,
   den du von mir verlangst,
   geht's durch dunkle Täler,
   ich habe keine Angst.

3. In der Fremde hast du
   den Tisch für mich gedeckt.
   Und ich weiß, du freust dich,
   wenn es mir dann auch schmeckt.

4. Ich spür' deine Liebe,
   drum ist mir nicht mehr bang.
   Ich darf bei dir bleiben
   mein ganzes Leben lang.

L 15

Ich habe zwei Hände

T: Rolf Krenzer
M: Detlev Jöcker
© Menschenkinder Verlag, Münster

(Noten: 1. Ich habe zwei Hände, zehn Finger dazu. (klatschen) Und kommst du und siehst mich an. Schau, was ich mit meinen Händen tu, dass ich dich begrüßen kann. Schau, was ich mit meinen Händen tu, dass ich dich begrüßen kann.)

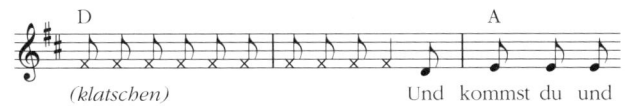

2. Ich habe zwei Hände,
   zehn Finger dazu.
   Und siehst du mich freundlich an,
   schau, was ich mit meinen Händen tu',
   damit ich dir gut sein kann.

3. Ich habe zwei Hände,
   zehn Finger dazu.
   Und siehst du mich ängstlich an,
   schau, was ich mit meinen Händen tu',
   damit ich dir Mut machen kann.

4. Ich habe zwei Hände,
   zehn Finger dazu.
   Und siehst du mich traurig an,
   schau, was ich mit meinen Händen tu',
   damit ich dich trösten kann.

5. Ich habe zwei Hände,
   zehn Finger dazu.
   Was fängt man mit ihnen an?
   Wir greifen mit unsern Händen zu,
   damit was gelingen kann.

6. Mit unseren Händen
   und Fingern dazu,
   ob man damit streicheln kann?
   Wenn du es mir zeigst, kann ich's im Nu!
   Wir fangen jetzt einfach an.

Vorschläge für weitere Strophen:
... ob man damit pflanzen kann?
... ob man damit wärmen kann?
... ob man damit Schutz geben kann?
... ob man damit Freund sein kann?

L 16

Wenn einer sagt: Ich mag dich
Kindermutmachlied

T und M: Andreas Ebert
© Hänssler-Verlag, Holzgerlingen

[Notenblatt]

La la la la la, la la la la la, la la la la la la la la la la la la la la, la la la la la la la la la la. 1. Wenn einer sagt: »Ich mag dich, du, ich find dich ehrlich gut«, dann krieg ich eine Gänsehaut und auch ein bisschen Mut.

2. Wenn einer sagt: »Ich brauch dich, du,
   ich schaff es nicht allein«,
   dann kribbelt es in meinem Bauch,
   ich fühl mich nicht mehr klein.

3. Wenn einer sagt: »Komm, geh mit mir,
   zusammen sind wir was«,
   dann werd ich rot, weil ich mich freu,
   dann macht das Leben Spaß.

4. Gott sagt zu dir: »Ich hab dich lieb
   und wär so gern dein Freund.
   Und das, was du allein nicht schaffst,
   das schaffen wir vereint!«

L 17

Wo zwei oder drei in meinem Namen versammelt sind

T und M: Kommunität Gnadenthal
© Präsenz-Verlag, Gnadenthal

Kanon zu 2 Stimmen

Wo zwei oder drei in meinem Namen versammelt sind, da bin ich mitten unter ihnen. Wo zwei oder drei in meinem Namen versammelt sind, da bin ich mitten unter ihnen.

L 18

Wir feiern heut ein Fest

T: Rolf Krenzer
M: Ludger Edelkötter
© Impulse Musikverlag, Drensteinfurt

1. Wir feiern heut ein Fest und kommen hier zusammen. Wir kommen hier zusammen. Wir feiern ein Fest, weil Gott uns alle liebt. Herein, herein, wir laden alle ein! Herein, laden alle ein!

2. ‖: Wir feiern heut ein Fest
   und singen miteinander. :‖
   Wir singen miteinander.
   Wir feiern ein Fest,
   weil Gott uns alle liebt.
   ‖: Herein, herein,
   wir laden alle ein! :‖

3. ‖: Wir feiern heut ein Fest
   und gehn herum im Kreise. :‖
   Wir gehn herum im Kreise.
   Wir feiern ein Fest,
   weil Gott uns alle liebt.
   ‖: Herein, herein,
   wir laden alle ein! :‖

4. ‖: Wir feiern heut ein Fest,
   wir essen und wir trinken. :‖
   Wir essen und wir trinken.
   Wir feiern ein Fest,
   weil Gott uns alle liebt.
   ‖: Herein herein,
   wir laden alle ein! :‖

5. ‖: Wir feiern heut ein Fest,
   und sprechen miteinander.:‖
   Wir sprechen miteinander.
   Wir feiern ein Fest,
   weil Gott uns alle liebt.
   ‖: Herein, herein,
   wir laden alle ein! :‖

6. ‖: Wir feiern heut ein Fest
   und geben uns dem andern. :‖
   Wir geben uns dem andern.
   Wir feiern ein Fest,
   weil Gott uns alle liebt.
   ‖: Herein, herein,
   wir laden alle ein! :‖

7. ‖: Wir feiern heut ein Fest
   und finden uns im andern. :‖
   Wir finden uns im andern.
   Wir feiern ein Fest,
   weil Gott uns alle liebt.
   ‖: Herein, herein,
   wir laden alle ein! :‖

Je nach Situation können weitere Strophen erfunden werden:

... und beten miteinander.
... und danken miteinander.
... und tanzen miteinander.

L 19

Ein bunter Regenbogen

T: Rolf Krenzer
M: Peter Janssens
© Peter Janssens Musik Verlag, Telgte

1. Ein bunter Regenbogen ist übers Land gezogen. Die Sonne scheint aufs Gras, das noch vom Regen nass. Die Sonne scheint aufs Gras, das noch vom Regen nass.

2. Ein bunter Regenbogen
   ist übers Land gezogen.
   Und alle bleiben stehn,
   um ihn sich anzusehn.

3. Ein bunter Regenbogen
   ist übers Land gezogen,
   damit ihr's alle wisst,
   dass Gott uns nicht vergisst.

L 20

Gottes guter Segen sei mit euch

T: Rolf Krenzer
M: Siegfried Fietz
© ABAKUS Musik Barbara Fietz, Greifenstein

2. ‖: Gottes guter Segen
   sei vor euch! :‖
   ‖: Mut, um zu wagen,
   nicht zu verzagen
   auf allen Wegen. :‖

3. ‖: Gottes guter Segen
   über euch! :‖
   ‖: Liebe und Treue
   immer aufs Neue
   auf euren Wegen. :‖

4. ‖: Gottes guter Segen
   sei um euch! :‖
   ‖: Heute und morgen
   seid ihr geborgen
   auf allen Wegen. :‖

5. ‖: Gottes guter Segen
   sei in euch! :‖
   ‖: Sucht mit dem Herzen,
   leuchtet wie Kerzen
   auf allen Wegen! :‖

L 21

Sankt Martins Lied

Ein armer Mann

T: Rolf Krenzer
M: Peter Janssens
© Peter Janssens Musik Verlag, Telgte

2. Ihm ist so kalt. Er friert so sehr.
   Wo kriegt er etwas Warmes her?
   ‖: Er hört kein gutes Wort
   und jeder schickt ihn fort. :‖

3. Der Hunger tut dem Mann so weh
   und müde stapft er durch den Schnee.
   ‖: Er hört kein gutes Wort
   und jeder schickt ihn fort. :‖

4. Da kommt daher ein Reitersmann,
   der hält sogleich sein Pferd hier an.
   ‖: Er sieht den Mann im Schnee
   und fragt: »Was tut dir weh?« :‖

5. Er teilt den Mantel und das Brot
   und hilft dem Mann in seiner Not.
   ‖: Er hilft so gut er kann.
   Sankt Martin heißt der Mann. :‖

Lieder

Bausteine – Materialien

6. Teilen wir unser Gut und Geld
   mit all den Armen auf der Welt!
   ||: Wenn jeder etwas hat,
   dann werden alle satt. :||

7. Denkst du, dafür bist du zu klein,
   kannst du grad wie Sankt Martin sein!
   ||: Beim Teilen ist das so:
   Wer gibt und nimmt, wird froh! :||

8. Zum Martinstag steckt jedermann
   leuchtende Laternen an.
   ||: Vergiss den andern nicht,
   drum brennt das kleine Licht. :||

L 22

Mein Schaf hat sich verlaufen
Suchlied

T: Rolf Krenzer
M: Peter Janssens
© Peter Janssens Musik Verlag, Telgte

[Noten: 1. Mein Schaf hat sich verlaufen. Wer hat es gesehn? Es soll doch meinem Schäfchen nichts Böses geschehn. Ich suche mein Schäfchen. Ich suche überall. Wenn ich mein Schäfchen finde, bring ich's heim zum Stall. Wenn Stall. D.S.]

Ein Vater sucht seinen Jungen:

2. Mein Sohn hat sich verlaufen.
   Wer hat ihn gesehn?
   Es soll doch meinem Jungen
   nichts Böses geschehn.
   Ich suche meinen Jungen.
   Er kennt sich doch nicht aus.
   ||: Wenn ich ihn endlich finde,
   bring ich ihn nach Haus. :||

L 23

Zwei Jünger gehn abends nach Emmaus

Das Emmaus-Jünger-Lied

T: Rolf Krenzer
M: Reinhard Horn
© Kontakte Musikverlag Ute Horn, Lippstadt

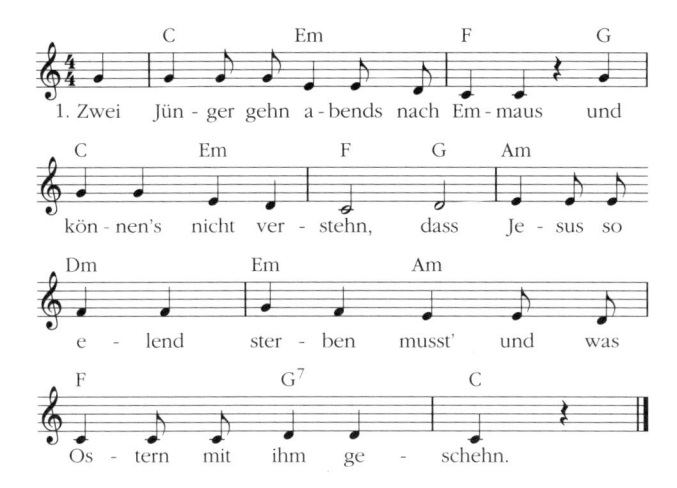

1. Zwei Jünger gehn abends nach Emmaus und können's nicht verstehn, dass Jesus so elend sterben musst' und was Ostern mit ihm geschehn.

2. Ein Fremder fragt freundlich, wie's geht,
   da laden sie ihn ein.
   So kommt es, dass er mit ihnen geht
   und in Emmaus kehren sie ein.

3. Er tröstet sie und sie sehen
   dem Fremden ins Gesicht
   und wenn sie ihm auch in die Augen schaun,
   erkennen sie Jesus noch nicht.

4. Sie hören ihm zu und vertrauen
   was dieser Mann verspricht.
   Die Augen gehn ihnen plötzlich auf,
   als das Brot er mit ihnen bricht.

5. So wie einst den Jüngern in Emmaus
   wird es uns auch geschehn.
   Wir dürfen so wie einst in Emmaus
   Jesus Christus sehn und verstehn.

6. So kommen wir zu deinem Tisch
   und laden alle ein.
   Du wartest auf uns alle
   und wirst wieder bei uns sein.

7. Kommt her! Hier ist Platz!
   Greift zu und werdet satt.
   Nur dann ist das Mahl gerecht und gut,
   wenn jeder etwas hat.

L 24

Esst miteinander

Kanon

T: Rolf Krenzer
M: Peter Janssens
© Peter Janssens Musik Verlag, Telgte

1. Esst miteinander, nehmt voneinander, teilt miteinander den Trank und das Brot.

2. Denkt aneinander, sorgt füreinander, dankt miteinander dafür unserm Gott.

L 25

Weil du anders bist als ich

T: Rolf Krenzer
M: Siegfried Fietz
© ABAKUS Musik Barbara Fietz, Greifenstein

Refrain: Weil du anders bist als ich, mag ich dich, magst du mich. Weil du anders bist als ich, magst du mich, mag ich dich. Drum mögen wir uns immer zu, wir beide, ich und du. Drum mögen wir uns immer zu, wir beide, ich und du.

1. Du siehst anders aus als ich.
   Das kann doch jeder sehn.
   Und daher kommt's, dass du und ich
   uns grad so gut verstehn.
   Du sprichst anders als ich,
   drum kann es schon geschehn,
   dass wir uns ganz ohne Worte
   genauso gut verstehn.

2. Ich lern' hier so viel von dir.
   Dir geht es ebenso,
   denn du lernst auch so viel von mir.
   Das macht uns beide froh.
   Esse gern bei euch mal mit,
   weil alles anders schmeckt.
   Und du hast meine Lieblingsspeise
   längst bei uns entdeckt.

3. Wenn dich jemand ärgern will,
   dann steh' ich neben dir.
   Und geht es mir mal nicht gut,
   hältst du doch glatt zu mir.
   Komm und gib mir deine Hand,
   dann sieht doch jedes Kind,
   dass du und ich, dass ich und du
   die besten Freunde sind.

L 26

Gibst du mir von deinem Apfel ab

Lied vom Teilen

T: Rolf Krenzer
M: Peter Janssens
© Peter Janssens Musik Verlag, Telgte

1. Gibst du mir von deinem Apfel ab,
weil ich heute nichts zu essen hab'?
Ich denke, das verspreche ich,
beim nächsten Mal an dich!
Gut zusammen leben,
teilen, nehmen, geben.
Wenn jeder etwas hat,
dann werden alle satt.
Wenn jeder etwas hat,
dann werden alle satt.

2. Gibst du mir von deinem Frühstück ab ...

3. Gibst du mir von deinem Kuchen ab ...

4. Gibst du mir von deiner Limo ab,
weil ich heute nichts zu trinken hab'? ...

5. Gibst du mir von deinem Spielzeug ab,
weil ich heute gar nichts bei mir hab'?
Ich denke, das verspreche ich,
beim nächsten Mal an dich.
Gut zusammen leben,
teilen, nehmen, geben.
Teilst du etwas mit mir,
dann freu' ich mich mit dir.

6. Gibst du mir, von deinen Stiften ab,
weil ich heute nichts zum Malen hab'? ...

7. Gibst du mir von deinem Kleister ab,
weil ich heute nichts zum Kleben hab'? ...

8. Gibst du mir von deiner Freude ab,
weil ich heute nichts zu lachen hab'? ...

L 27

Der kleine Jonathan

T: Rudolf Otto Wiemer
M: Ludger Edelkötter
© Impulse Musikverlag, Drensteinfurt

V: 1. Als Jesus in der Wüste war, da war'n fünftausend Menschen. A: Als Jesus in der Wüste war, da war'n fünftausend Menschen. V: Da waren Frau und Kind und Mann, da war der kleine Jonathan. A: Da waren Frau und Kind und Mann und viele, viele Kinder.

2. V: Und als der große Hunger kam,
sprach Jesus: »Ihr müsst teilen!«
A: Und als der große Hunger kam,
sprach Jesus: »Ihr müsst teilen!«
V: Da teilten Frau und Kind und Mann,
da teilt der kleine Jonathan.
A: Da teilten Frau und Kind und Mann
und viele, viele Kinder.

3. V: Und Jesus segnet Fisch und Brot
und sagt: »Kommt her und esset!«
A: Und Jesus segnet Fisch und Brot
und sagt: »Kommt her und esset!«
V: Da aßen Frau und Kind und Mann,
da aß der kleine Jonathan.
A: Da aßen Frau und Kind und Mann
und viele, viele Kinder.

4. V: Und alle Menschen wurden satt,
die dort bei Jesus saßen.
A: Und alle Menschen wurden satt,
die dort bei jesus saßen.
V: Satt wurden Frau und Kind und Mann,
satt war der kleine Jonathan.
A: Satt wurden Frau und Kind und Mann
und viele, viele Kinder.

5. V: Denn Brot, das man mit andern teilt,
wird wunderbar sich mehren.
A: Denn Brot, das man mit andern teilt,
wird wunderbar sich mehren.
V: Es danken Frau und Kind und Mann,
es dankt der kleine Jonathan.
A: Es danken Frau und Kind und Mann
und viele, viele Kinder.

L 28

Ich male eine Sonne

T: Rolf Krenzer
M: Siegfried Fietz
© ABAKUS Musik Barbara Fietz, Greifenstein

2. Nun male ich den Himmel,
nun male ich den Himmel
mit blauer Farbe an,
damit der schöne Himmel,
damit der schöne Himmel
nach allen Seiten leuchten kann.
Blau ist der Himmel,
gelb ist die Sonne,
du kannst es sehn!
Ja, gelb ist die Sonne
und wunderschön!

3. Dann male ich die Wolken,
dann male ich die Wolken
mit weißer Farbe an,
dass meine weiße Wolke,
dass meine weiße Wolke
am blauen Himmel segeln kann.
Weiß sind die Wolken,
blau ist der Himmel,
gelb ist die Sonne,
du kannst es sehn!
Ja, gelb ist die Sonne
und wunderschön!

4. Ich male eine Wiese,
ich male meine Wiese
mit grüner Farbe an,
dass meine schöne Wiese,
dass meine schöne Wiese
nach allen Seiten wachsen kann.
Grün ist die Wiese,
weiß sind die Wolken,
blau ist der Himmel,
gelb ist die Sonne,
du kannst es sehn!
Ja, gelb ist die Sonne und
wunderschön!

5. Ich male eine Blume,
ich male meine Blume
mit roter Farbe an,
dass meine schöne Blume,
dass meine schöne Blume
nach allen Seiten leuchten kann.
Rot ist die Blume,
grün ist die Wiese,
weiß sind die Wolken,
blau ist der Himmel,
gelb ist die Sonne,
du kannst es sehn!
Ja, gelb ist die Sonne
und wunderschön!

6. Ich male eine Biene,
ich male meine Biene
mit brauner Farbe an,
dass meine braune Biene
zu meiner Blume fliegen kann.
Braun ist die Biene,
rot ist die Blume,
grün ist die Wiese,
weiß sind die Wolken,
blau ist der Himmel,
gelb ist die Sonne,
du kannst es sehn!
Ja, gelb ist die Sonne
und wunderschön!

7. Ich male Gottes Erde,
   ich male Gottes Erde
   mit vielen Farben an.
   Ich steh' davor und staune,
   ich steh' davor und staune
   und freue mich daran.
   Bunt ist die Erde,
   braun ist die Biene,
   rot ist die Blume,
   grün ist die Wiese,
   weiß sind die Wolken,
   blau ist der Himmel,
   gelb ist die Sonne,
   du kannst es sehn!
   Ja, gelb ist die Sonne
   und wunderschön!

Wir können auf einem Blatt, an einer Wand oder einer großen Wandtafel mit vielen bunten Farben das malen, wovon das Lied erzählt. Jede(r) ist einmal dran. Wenn von den Bienen und Blumen berichtet wird, können verschiedene Kinder jeweils mehrere Bienen und Blumen malen. Es können auch mehrere Wolken gemalt werden.

Es können auch andere Lebewesen oder Gegenstände gezeigt werden, über die wir staunen und uns freuen können:
Ich male viele Steine (schwarz, gelb, braun)
Ich male einen Schmetterling (bunt)
Ich male eine Raupe (grün, braun)
Ich male viele Bäume (grün) usw.

L 29

Du hast uns deine Welt geschenkt

T: Rolf Krenzer
M: Detlev Jöcker
© Menschenkinder Verlag, Münster

1. Du hast uns deine Welt geschenkt: den Himmel, die Erde. Du hast uns deine Welt geschenkt, Herr, wir danken dir.

2. Du hast uns deine Welt geschenkt:
   die Länder, die Meere.
   Du hast uns deine Welt geschenkt:
   Herr, wir danken dir.

3. Du hast uns deine Welt geschenkt:
   die Sonne, die Sterne.
   Du hast uns deine Welt geschenkt:
   Herr, wir danken dir.

4. Du hast uns deine Welt geschenkt:
   die Berge, die Täler.
   Du hast uns deine Welt geschenkt:
   Herr, wir danken dir.

5. Du hast uns deine Welt geschenkt:
   die Blumen, die Bäume.
   Du hast uns deine Welt geschenkt:
   Herr, wir danken dir.

6. Du hast uns deine Welt geschenkt:
   die Vögel, die Fische.
   Du hast uns deine Welt geschenkt:
   Herr, wir danken dir.

7. Du hast uns deine Welt geschenkt:
   die Tiere – die Menschen.
   Du hast uns deine Welt geschenkt:
   Herr, wir danken dir.

8. Du hast uns deine Welt geschenkt:
   Du gabst mir das Leben.
   Du hast mich in die Welt gestellt.
   Herr, wie danken dir.

9. Du hast uns deine Welt geschenkt:
   Du gabst uns das Leben.
   Du hast uns in die Welt gestellt.
   Herr, wir danken dir.

L 30

Seht, was wir geerntet haben
Kanon

T: Rolf Krenzer
M: Martin Göth
© Lahn-Verlag, Limburg

Kleines Spiel mit Lied

Alle singen:	Seht, was wir geerntet haben. Gott, wir danken dir dafür. Und wir bringen deine Gaben. Alles haben wir von dir.
1. Spieler:	Ich bringe eine Gurke. Ich esse gerne Gurkensalat.
Alle singen:	Seht, was wir geerntet haben ...
2. Spieler:	Das ist ein Apfel. Aus Äpfeln gibt es Apfelsaft.
Alle singen:	Seht, was wir geerntet haben ...
3. Spieler:	Ich bringe Pflaumen. Morgen backen wir einen Pflaumenkuchen.
Alle singen:	Seht, was wir geerntet haben ...
4. Spieler:	Zwei dicke Birnen. Ich habe sie selbst gepflückt!
Alle singen:	Seht, was wir geerntet haben ...
5. Spieler:	Kartoffeln für Kartoffelbrei und Pommes frites.
Alle singen:	Seht, was wir geerntet haben ... usw.
Spielleiter/in:	Kommt heran, kommt heran! Schaut die vielen Früchte an! Reichlich ist der Tisch gedeckt. Nehmt, damit es allen schmeckt!

Er/sie teilt und schneidet die Früchte und gibt jedem etwas. Das Austeilen der Früchte bezieht alle, die sich im Raum befinden, mit ein. Jeder darf von den Früchten probieren. Wenn alle etwas erhalten haben, wird das Lied gemeinsam gesungen.

L 31

Mein Baum war einmal klein
Spiel-Kanon und Rundgesang

T: Rolf Krenzer
M: Siegfried Fietz
© ABAKUS Musik Barbara Fietz, Greifenstein

1. Mein Baum war einmal klein,
   Wir sitzen im Kreis und zeigen mit beiden Händen vor uns den kleinen Baum.
   genauso klein wie ich.
   Wir legen beide Hände auf unseren Kopf.
   Doch wächst er in den Himmel rein,
   Wir strecken die Arme ganz hoch nach oben.
   dann überragt er mich.
   Wir stehen auf und halten die Arme hoch über unseren Kopf.

2. Dem Baum darf nichts geschehn!
   Wir halten noch immer die Arme hoch, führen beide Hände aber so zusammen, dass sie über unserem Kopf ein Dach bilden.
   Er gibt mir Schutz und Halt.
   Jeder umarmt sich selbst, legt die Arme um die eigenen Schultern.
   So viele schöne Bäume stehn
   Wir sehen uns an und geben uns die Hände.
   bei uns in unserm Wald.
   Wir halten uns an den Händen und setzen uns wieder.
   Danach beginnen wir wieder von vorn.

L 32

Seid behutsam, Leute
Schmetterlingslied

T: Rolf Krenzer
M: Peter Janssens
© Peter Janssens Musik Verlag, Telgte

1. Eine dicke Raupe kriecht von Blatt zu Blatt, lässt es sich gut schmecken, frisst sich richtig satt.
   Refrain: Seid behutsam, Leute, rührt mich ja nicht an! Gott will, dass ein jedes Tier sein Leben leben kann. Ist das nicht ein Wunder? Freut euch mit daran! Gott will, dass ein jedes Tier sein Leben leben kann.

2. ‖: Einmal wird die Raupe
   satt und müde sein,
   spinnt sich ein im Häuschen
   und schläft darin ein. :‖

3. ‖: Aus der fetten Raupe,
   klein und so gering,
   wird, wenn sie erwacht,
   ein bunter Schmetterling. :‖

4. ‖: Fliege, kleiner Falter,
   du bist wunderschön!
   Alle stehn und staunen,
   wenn sie dich jetzt sehn. :‖

5. ‖: Ich breit' beide Arme
   weit, so weit jetzt aus.
   Seht nur her, ich fliege
   in die Welt hinaus! :‖

L 33

Tragt in die Welt nun ein Licht

T u. M: Wolfgang Longardt
© Verlag Ernst Kaufmann, Lahr

1. Tragt in die Welt nun ein Licht,
sagt allen: Fürchtet euch nicht!
Gott hat euch lieb, Groß und Klein!
Seht auf des Lichtes Schein.

2. Tragt zu den Alten ein Licht,
sagt allen: Fürchtet euch nicht!
Gott hat euch lieb, Groß und Klein!
Seht auf des Lichtes Schein!

3. Tragt zu den Kranken ein Licht,
sagt allen: Fürchtet euch nicht!
Gott hat euch lieb, Groß und Klein!
Seht auf des Lichtes Schein.

4. Tragt zu den Kindern ein Licht,
sagt allen: Fürchtet euch nicht!
Gott hat euch lieb, Groß und Klein!
Seht auf des Lichtes Schein.

L 34

Jesus ist bei mir

T u. M: Gertrud Lorenz
(zu Mt 28,20)
© Gertrud Lorenz, Stuttgart

1. Jesus ist bei mir im Leben. Jesus ist bei mir.

2. Jesus ist bei dir im Leben.
Jesus ist bei dir.

3. Jesus ist bei uns im Leben.
Jesus ist bei uns.

4. Jesus ist bei euch im Leben.
Jesus ist bei euch.

L 35

Brot, Brot! Danke für das Brot!
Kanon

T: Rolf Krenzer
M: Peter Janssens
© Peter Janssens Musik Verlag, Telgte

1. Brot, Brot! Danke für das Brot!

2. Brot zum Leben! Danke, guter Gott!

3. Lass uns, wenn wir essen, andre nicht vergessen!

4. Brot, Brot! Danke für das Brot!

Lieder Bausteine – Materialien

L 36

Unser Leben sei ein Fest

T: Josef Metternich
M: Peter Janssens
© Peter Janssens Musik Verlag, Telgte

1. Unser Leben sei ein Fest, Jesu Geist in unserer Mitte, Jesu Werk in unseren Händen, Jesu Geist in unseren Werken. Unser Leben sei ein Fest so wie heute an jedem Tag.

2. Unser Leben sei ein Fest.
   Brot und Wein für unsere Freiheit.
   Jesu Wort für unsere Wege,
   Jesu Weg für unser Leben.
   Unser Leben sei ein Fest
   so wie heute an jedem Tag.

3. Unser Leben sei ein Fest.
   Jesu Kraft als Grund unsrer Hoffnung.
   Jesu Brot als Mahl der Gemeinschaft,
   Jesu Wein als Trank neuen Lebens.
   Unser Leben sei ein Fest
   so wie heute an jedem Tag.

4. Unser Leben sei ein Fest.
   Jesu Wort auf unseren Lippen,
   Jesu Güte in unseren Worten,
   Jesu Liebe in unseren Herzen.
   Unser Leben sei ein Fest
   so wie heute an jedem Tag.

5. Unser Leben sei ein Fest.
   Jesu Licht in unseren Augen,
   Jesu Freude in unserem Singen,
   Jesu Wahrheit in unserer Freude.
   Unser Leben sei ein Fest
   so wie heute an jedem Tag.

L 37

Sieben Hirten schlafen

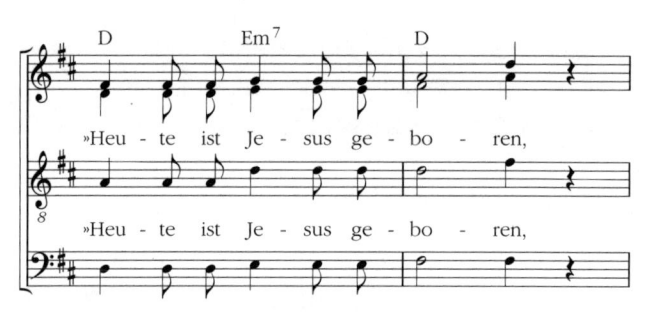

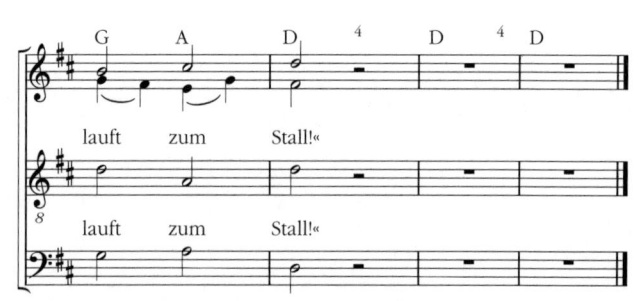

T: Rolf Krenzer
M: Peter Janssens
© Peter Janssens Musik Verlag, Telgte

V: 1. Sieben Hirten schlafen hier bei ihren Schafen. Da, ein helles Licht! Und der Engel spricht:

A: »Heute ist Jesus geboren, lauft zum Stall!«
»Heute ist Jesus geboren, lauft zum Stall!«

2. Noch sechs Hirten schlafen
   hier bei ihren Schafen ...

3. Noch fünf Hirten schlafen
   hier bei ihren Schafen ...

4. Noch vier Hirten schlafen
   hier bei ihren Schafen ...

5. Noch drei Hirten schlafen
   hier bei ihren Schafen ...

6. Noch zwei Hirten schlafen
   hier bei ihren Schafen ...

7. Seht ihr den noch schlafen
   hier bei ihren Schafen? ...

8. Sieben Hirten schlafen
   nicht mehr bei den Schafen.
   Kommt, ihr Hirten all,
   kommt und lauft zum Stall!

L 38
Die Menschen öffnen Türen

T und M: Franz Kett
© RPA Verlag, Landshut

1. Die Menschen öffnen Türen. Sie machen auf ihr Haus. Aus Städten und aus Dörfern, da kommen sie heraus.

Vor-, Zwischen-, Nachspiel, evtl. auch gesungen auf lala.

2. Sie machen auf die Ohren
   und hören Jesus an.
   ‖: Sie hören, in dem Jesus,
   da spricht ein Gottesmann. :‖

3. Sie machen auf die Augen
   und schauen Jesus an.
   ‖: Sie sehen, in dem Jesus,
   da schaut Gott selbst uns an. :‖

4. Sie machen auf die Hände
   und fassen Jesus an.
   ‖: Sie spüren, in dem Jesus,
   da rührt Gott selbst uns an. :‖

5. Sie bringen ihre Kinder
   und geben sie dem Herrn.
   ‖: Sie bitten: Jesus segne
   die Kinder, hab sie gern! :‖

6. Es kommen viele Kranke,
   taub, stumm und blind und lahm.
   ‖: Sie fassen Jesu Kleider
   und seine Hände an. :‖

7. Sie rufen: Herr erbarme,
   erbarm dich unsrer Not!
   ‖: Erlöse uns von Krankheit,
   vom Bösen und vom Tod. :‖

8. Und Jesus schaut mit Liebe
   die vielen Menschen an,
   ‖: heilt ihre kranken Herzen
   und ihre Wunden dann. :‖

9. Wir fragen alle staunend,
   wie Jesus das nur schafft.
   ‖: Wir glauben, in dem Jesus
   wirkt Gottes Geist und Kraft. :‖

L 39

Wir decken den Tisch

T und M: Franz Kett
© RPA Verlag, Landshut

1. Wir decken den Tisch. Wir richten zum Mahl.
Wir bringen das Brot. Wir bringen den Wein.
Im Brot und im Wein wird der Herr bei uns sein.

2. Wir decken den Tisch.
   Wir richten zum Mahl.
   Wir bringen das Kreuz.
   Wir denken daran,
   ‖: dass Jesus, der Herr,
   starb am Kreuzesstamm. :‖

3. Wir decken den Tisch.
   Wir richten zum Mahl.
   Wir bringen das Licht.
   Es Zeichen uns ist,
   ‖: dass er auferstand,
   unser Herr, Jesus Christ. :‖

4. Wir decken den Tisch
   Wir richten zum Mahl.
   Wir sagen Gott Dank
   für Brot und für Wein.
   ‖: Im Brot und im Wein
   will der Herr bei uns sein. :‖

5. Der Tisch ist gedeckt,
   gerichtet das Mahl.
   Wir essen das Brot.
   Wir trinken den Wein.
   ‖: Im Brot und im Wein
   will der Herr bei uns sein. :‖

L 40

Als Jesus gestorben war

T: Rolf Krenzer
M: Peter Janssens
© Peter Janssens Musik Verlag, Telgte

1. Als Jesus gestorben war,
strahlt' in der Nacht kein Stern.
Vorbei war alle Freude.
Da weinten alle Leute.
Sie weinten um den Herrn.

2. Als Jesus gestorben war,
   da war die Welt so leer.
   ‖: Die Großen und die Kleinen,
   die konnten nur noch weinen.
   Sie hatten ihn nicht mehr. :‖

3. Als Jesus auferstanden war,
   besiegte er den Tod.
   ‖: Ihr Großen und ihr Kleinen,
   ihr braucht nicht mehr zu weinen.
   Vorbei ist alle Not. :‖

L 41

Unser Freund heißt Jesus Christ

T: Rolf Krenzer   M: Inge Lotz
© Verlag Ernst Kaufmann, Lahr –
Kösel Verlag, München

1. Stehn wir früh am Morgen auf, gehn wir spät zur Ruh, beten wir zu unserm Herrn, und er hört uns zu. *Refrain:* Unser Freund heißt Jesus Christ, weil er immer bei uns ist. Montag, Dienstag, Mittwoch, Donnerstag und Samstag und dann Sonntag. Immer ist er Freitag, ja unser da.

2. Wenn wir einmal traurig sind,
   drückt uns unser Schuh,
   beten wir zu unserm Herrn,
   und er hört uns zu.

3. War der Tag voll Sonnenschein,
   Freude immerzu,
   beten wir zu unserm Herrn,
   und er hört uns zu.

4. Wenn wir alle Freunde sind,
   fällt es uns nicht schwer:
   Ich helf' dir und du hilfst mir.
   So will's unser Herr.

L 42

Du, Herr, gabst uns dein festes Wort

T und M: Hoffmann/Mausberg/Norres/Schuhen
© Edition Werry, Mülheim/Ruhr

Refrain: **V:** Du, Herr, gabst uns dein festes Wort, **A:** gib uns allen deinen Geist. **V:** Du gehst nicht wieder von uns fort, **A:** gib uns allen deinen Geist.

V: 1. Bleibe bei uns alle Tage bis ans Ziel der Welt, **A:** gib uns allen deinen Geist. **V:** Gib das Leben, das im Glauben deine Brüder hält, **A:** gib uns allen deinen Geist.

2. V: Deinen Atem gabst du uns
   jetzt schon als Unterpfand,
   A: gib uns allen deinen Geist,
   V: denn als Kinder deines Vaters
   sind wir anerkannt,
   A: gib uns allen deinen Geist.

3. V: Nähr' die Kirche, deine Glieder,
   stets mit deiner Kraft,
   A: gib uns allen deinen Geist,
   V: stärk' uns täglich immer wieder
   in der Jüngerschaft,
   A: gib uns allen deinen Geist.

4. V: Von den Mächten dieser Weltzeit
   sind wir hart bedrängt,
   A: gib uns allen deinen Geist,
   V: doch im Glauben hast du uns schon
   Gottes Kraft geschenkt,
   A: gib uns allen deinen Geist.

5. V: Immer wieder will ich singen:
   Gib uns deinen Geist,
   A: gib uns allen deinen Geist,
   V: der die Herzen, auch die trägen,
   mit der Freude speist,
   A: gib uns allen deinen Geist.

L 43

Nimm, o Herr, die Gaben

T: mündlich überliefert
M: nach »Jesus Christ Superstar«, Gesang der Jünger.

1. Nimm, o Herr, die Gaben, die wir bringen.
Sieh auf uns und segne Brot und Wein.
Was wir beten und was wir singen,
soll allein für dich unsre Opfergabe sein.

2. Lass uns alle deine Jünger werden.
Wer sein Leben mit dir wagt, gewinnt.
Denn durch dieses Brot
schenkst du uns Leben,
selbst wenn wir in dieser Welt
gestorben sind.

L 44

Dass du mich einstimmen lässt

T und M: Kommunität Gnadenthal
© Präsenz-Verlag, Gnadenthal

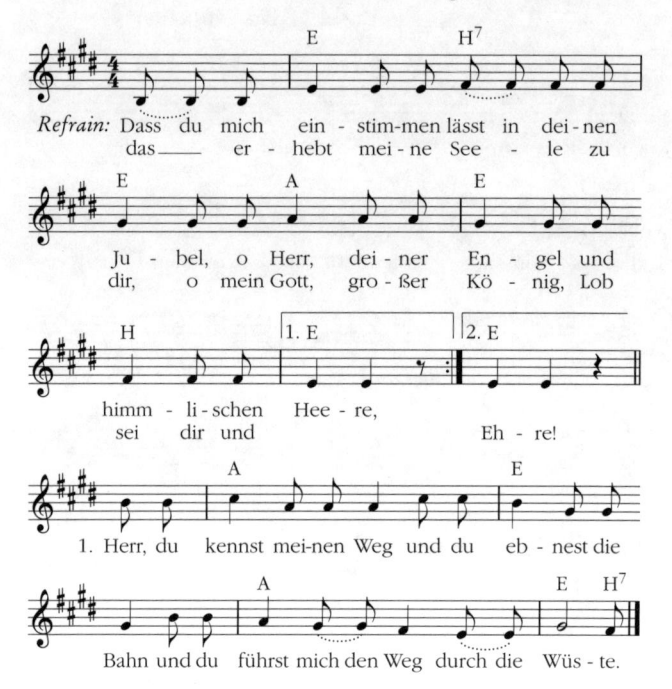

Refrain: Dass du mich einstimmen lässt in deinen Jubel, o Herr, deiner Engel und himmlischen Heere, sei dir und das erhebt meine Seele zu dir, o mein Gott, großer König, Lob Ehre!

1. Herr, du kennst meinen Weg und du ebnest die Bahn und du führst mich den Weg durch die Wüste.

2. Und du reichst mir das Brot
   und du reichst mir den Wein
   und bleibst selbst, Herr,
   mein Begleiter.

3. Und du sendest den Geist
   und du machst mich ganz neu
   und erfüllst mich mit
   deinem Frieden.

4. Und nun zeig mir den Weg
   und nun führ mich die Bahn,
   deine Liebe, Herr,
   zu verkünden!

5. Gib mir selber das Wort,
   öffne du mir das Herz,
   deine Liebe, Herr,
   zu verschenken!

6. Und ich dank dir, mein Gott,
   und ich preise dich, Herr,
   und ich schenke dir
   mein Leben.

L 45

Butter, Honig, Marmelade

T: Rolf Krenzer
M: Martin Göth
© Lahn-Verlag, Limburg

1. Butter, Honig, Marmelade, Gummibärchen,
Schokolade, Cornflakes, Milch und süßer Reis,
Marzipan und Himbeereis.
Ja, ich leb' im Überfluss,
wenn der andre hungern muss.

2. Fleisch, Pommes frites und Jägersoße,
Reis mit Huhn, Fleisch aus der Dose,
Nudeln, Ketchup, Apfelbrei,
frisches Brot zum Frühstücksei.
Ja, ich leb' im Überfluss,
wenn der andre hungern muss.

3. Äpfel, Pflaumen und Tomaten,
Kotlett, Schnitzel, Rinderbraten,
Sahne, Zucker zum Kaffee
und Zitrone in den Tee.
Ja, ich leb' im Überfluss,
wenn der andre hungern muss.

4. Alle können besser leben,
wenn wir teilen, wenn wir geben,
dass ein jeder etwas hat,
denn dann werden alle satt.
Und es wird mein Überfluss
überflüssig dann zum Schluss.

L 46

Für Jesus will ich singen

T: Rolf Krenzer
M: Martin Göth
© Lahn-Verlag, Limburg

1. Für Jesus will ich singen, weil
er mir Freude gibt. Drum will ich fröhlich
singen, weil er uns alle liebt.

Refrain: Halleluja, halleluja, halleluja, weil er uns alle liebt.

2. Für Jesus will ich klatschen,
weil er mir Freude gibt.
Drum will ich fröhlich klatschen,
weil er uns alle liebt.

3. Für Jesus will ich winken,
weil er mir Freude gibt.
Drum will ich fröhlich winken,
weil er uns alle liebt.

4. Für Jesus will ich tanzen,
weil er mir Freude gibt.
Drum will ich fröhlich tanzen,
weil er uns alle liebt.

5. Von Jesus will ich singen,
weil er mir Freude gibt.
Drum will ich fröhlich singen,
weil er uns alle liebt.

L 47

Sag uns, was wir sagen sollen
Lied mit Vaterunser

T: Rolf Krenzer und NT
M: Martin Göth
© Lahn-Verlag, Limburg

A: Sag uns, was wir sagen sollen, wenn wir vor Gott treten. **V:** Kommt zu ihm, so wie ihr seid! Gott hat Zeit für jeden! **A:** Sag uns, was wir fragen sollen, wenn wir vor Gott treten. **V:** Was ihr auf dem Herzen habt! Gott lässt jeden reden. **A:** Sag uns, wie wir beten sollen, wenn wir vor Gott treten. **V:** Gott ist da und hört euch zu. Und so sollt ihr beten:

V: Vater unser im Himmel, **A:** Vater unser im Himmel, **V:** geheiligt werde dein Name. **A:** Geheiligt werde dein Name. **V:** Dein Reich komme. **A:** Dein Reich komme. **V:** Dein Wille geschehe, **A:** dein Wille geschehe, **V:** wie im Himmel so auf Erden. **A:** wie im Himmel so auf Erden. **V:** Unser tägliches Brot gib uns heute, **A:** unser tägliches Brot gib uns heute, **V:** und vergib uns unsere Schuld, **A:** und vergib uns unsere Schuld, **V:** wie auch wir vergeben unsern Schuldigern. **A:** wie auch wir vergeben unsern Schuldigern. **V:** Und führe uns nicht in Versuchung, **A:** Und führe uns nicht in Versuchung, **V:** sondern erlöse uns von dem Bösen, **A:** sondern erlöse uns von dem Bösen. **V:** Denn dein ist das Reich, **A:** Denn dein ist das Reich, **V:** die Kraft und die Herrlichkeit, **A:** die Kraft und die Herrlichkeit, **V:** in Ewigkeit. Amen, amen. **A:** in Ewigkeit. Amen, amen, amen, amen.

L 48

Singt für Gott ein Lied der Freude

T: Rolf Krenzer
M: Martin Göth
© Lahn-Verlag, Limburg

2. Klatscht für Gott, klatscht für Gott,
Klatscht für Gott zum Lied der Freude.
Er ist Vater und ist Mutter
für uns hier und für uns heute.
Klatscht, klatscht,
klatscht für Gott.
Halleluja.

3. Tanzt für Gott, tanzt für Gott,
tanzt für Gott den Tanz der Freude.
Er ist Vater und ist Mutter
für uns hier und für uns heute.
Tanzt, tanzt,
tanzt für Gott.
Halleluja.

L 49

Tauflied

T: Rolf Krenzer
M: Martin Göth
© Lahn-Verlag, Limburg

2. ‖: Wir sind getauft.
Gott will an allen Tagen
uns immer wieder sagen,
wie er uns liebt :‖
und dass es richtig ist,
ja, ganz doll wichtig ist,
dass es uns gibt,
weil er uns liebt.

L 50

Segne, Gott, du guter Vater
Kanon

T: Rolf Krenzer
M: Martin Göth
© Lahn-Verlag, Limburg

1. Segne, Gott, du guter Vater,
2. segne die Schöpfung auf deinem Stern.
3. So gehn wir mit Gott, dem guten Vater,
4. denn die Erde ist unsres Herrn.

T = Texte

T 1

Gebet: Ich kann hören

Guter Gott, ich habe Ohren und kann hören;
dafür danke ich dir.
Hilf mir hören zu lernen:
mit meinen eigenen Ohren
auf meinen Namen,
auf das gute Wort anderer Menschen
und auf das gute Wort von dir.
Amen.

T 2

Die Begegnung des kleinen Prinzen mit dem Fuchs

In diesem Augenblick erschien der Fuchs:
»Guten Tag«, sagte der Fuchs.
»Guten Tag«, antwortete höflich der kleine Prinz, der sich umdrehte, aber nichts sah.
»Ich bin da«, sagte die Stimme, »unter dem Apfelbaum ...«.
»Wer bist du?«, sagte der kleine Prinz. »Du bist sehr hübsch ...«.
»Ich bin ein Fuchs«, sagte der Fuchs.
»Komm und spiel mit mir«, schlug ihm der kleine Prinz vor. »Ich bin so traurig ...«
»Ich kann nicht mit dir spielen«, sagte der Fuchs. »Ich bin noch nicht gezähmt!«
»Ah, Verzeihung!«, sagte der kleine Prinz.
Aber nach einiger Überlegung fügte er hinzu:
»Was bedeutet das: ›zähmen‹?«
»Du bist nicht von hier«, sagte der Fuchs, »was suchst du?«
»Ich suche die Menschen«, sagte der kleine Prinz. »Was bedeutet ›zähmen‹?«
»Die Menschen«, sagte der Fuchs, »die haben Gewehre und schießen. Das ist sehr lästig. Sie ziehen auch Hühner auf. Das ist ihr einziges Interesse. Du suchst Hühner?«
»Nein«, sagte der kleine Prinz, »ich suche Freunde. Was heißt ›zähmen‹?«
»Das ist eine in Vergessenheit geratene Sache«, sagte der Fuchs. »Es bedeutet: sich ›vertraut machen‹.«
»Vertraut machen?«
»Gewiss«, sagte der Fuchs. »Du bist für mich noch nichts als ein kleiner Knabe, der hunderttausend kleinen Knaben völlig gleicht. Ich brauche dich nicht, und du brauchst mich ebenso wenig. Ich bin für dich nur ein Fuchs, der hunderttausend Füchsen gleicht. Aber wenn du mich zähmst, werden wir einander brauchen. Du wirst für mich einzig sein in der Welt. Ich werde für dich einzig sein in der Welt ...«
»Ich beginne zu verstehen«, sagte der kleine Prinz. »Es gibt ein Blume ... ich glaube, sie hat mich gezähmt ...«
»Das ist möglich«, sagte der Fuchs. »Man trifft auf der Erde alle möglichen Dinge ...«
»Oh, das ist nicht auf der Erde«, sagte der kleine Prinz.
Der Fuchs schien sehr aufgeregt:
»Auf einem anderen Planeten?«
»Ja«
»Gibt es Jäger auf diesem Planeten?«
»Nein.«
»Das ist interessant! Und Hühner?«
»Nein.«
»Nichts ist vollkommen!«, seufzte der Fuchs.
Aber der Fuchs kam auf seinen Gedanken zurück:
»Mein Leben ist eintönig. Ich jage Hühner, die Menschen jagen mich. Alle Hühner gleichen einander und alle Menschen gleichen einander. Ich langweile mich also ein wenig. Aber wenn du mich zähmst, wird mein Leben wie durchsonnt sein. Ich werde den Klang deines Schrittes kennen, der sich von allen andern unterscheidet. Die anderen Schritte jagen mich unter die Erde. Der deine wird mich wie Musik aus dem Bau locken. Und dann schau! Du siehst da drüben die Weizenfelder? Ich esse kein Brot. Für mich ist der Weizen zwecklos. Die Weizenfelder erinnern mich an nichts. Und das ist traurig. Aber du hast weizenblondes Haar. Oh, es wird wunderbar sein, wenn du mich einmal gezähmt hast! Das Gold der Weizenfelder wird mich an dich erinnern. Und ich werde das Rauschen des Windes im Getreide liebgewinnen ...«
Der Fuchs verstummte und schaute den Prinzen lange an: »Bitte ... zähme mich!«, sagte er.
»Ich möchte wohl«, antwortete der kleine Prinz, »aber ich habe nicht viel Zeit. Ich muss Freunde finden und viele Dinge kennen lernen.«
»Man kennt nur die Dinge, die man zähmt«, sagte der Fuchs. »Die Menschen haben keine Zeit mehr, irgendetwas kennen zu lernen. Sie kaufen sich alles fertig in den Geschäften. Aber da es keine Kaufläden für Freunde gibt, haben die Leute keine Freunde mehr. Wenn du einen Freund willst, so zähme mich!«
»Was muss ich da tun?«, sagte der kleine Prinz.
»Du musst sehr geduldig sein«, antwortete der Fuchs. »Du setzt dich zuerst ein wenig abseits von mir ins Gras. Ich werde dich so verstohlen, so aus dem Augenwinkel anschauen, und du wirst nichts sagen. Die Sprache ist die Quelle der Missverständnisse. Aber jeden Tag wirst du dich ein bisschen näher setzen können ...«
Am nächsten Morgen kam der kleine Prinz zurück.
»Es wäre besser gewesen, du wärst zur selben Stunde wiedergekommen«, sagte der Fuchs. »Wenn du zum Beispiel um vier Uhr nachmittags kommst, kann ich um drei Uhr anfangen, glücklich zu sein. Je mehr die Zeit vergeht, umso glücklicher werde ich mich fühlen. Um vier Uhr werde ich mich schon aufregen und beunruhigen; ich werde erfahren, wie teuer das Glück ist. Wenn du aber irgendwann kommst, kann ich nie wissen, wann mein Herz da sein soll ... Es muss feste Bräuche geben.«
»Was heißt ›fester Brauch‹?«, sagte der kleine Prinz.
»Auch etwas in Vergessenheit Geratenes«, sagte der Fuchs. »Es ist das, was einen Tag vom andern unterscheidet, eine Stunde von den andern Stunden. Es gibt zum Beispiel einen Brauch bei meinen Jägern. Sie tanzen am Donnerstag mit den Mädchen des Dorfes. Daher ist der Donnerstag der wunderbarste Tag. Ich gehe bis zum Weinberg spazieren. Wenn die Jäger irgendwann einmal zum Tanze gingen, wären die Tage alle gleich und ich hätte niemals Ferien.«
So machte denn der kleine Prinz den Fuchs mit sich vertraut. Und als die Stunde des Abschieds nahe war:
»Ach!«, sagte der Fuchs, »ich werde weinen.«

»Das ist deine Schuld«, sagte der kleine Prinz, »ich wünschte dir nichts Übles, aber du hast gewollt, dass ich dich zähme ...«
»Gewiss«, sagte der Fuchs.
»Aber nun wirst du weinen!«, sagte der kleine Prinz.
»Bestimmt«, sagte der Fuchs.
»So hast du also nichts gewonnen!«
»Ich habe«, sagte der Fuchs, »die Farbe des Weizens gewonnen.«
Dann fügte er hinzu:
»Geh die Rosen wieder anschauen. Du wirst begreifen, dass die deine einzig ist in der Welt.
Du wirst wiederkommen und mir adieu sagen, und ich werde dir ein Geheimnis schenken.«
Der kleine Prinz ging, die Rosen wiederzusehen:
»Ihr gleicht meiner Rose gar nicht, ihr seid noch nichts«, sagte er zu ihnen. »Niemand hat sich euch vertraut gemacht und auch ihr habt euch niemandem vertraut gemacht. Ihr seid wie mein Fuchs war. Der war nichts als ein Fuchs wie hunderttausend andere. Aber ich habe ihn zu meinem Freund gemacht und jetzt ist er einzig in der Welt.«
Und die Rosen waren sehr beschämt.
»Ihr seid schön, aber ihr seid leer«, sagte er noch. »Man kann für euch nicht sterben. Gewiss, ein Irgendwer, der vorübergeht, könnte glauben, meine Rose ähnle euch. Aber in sich selbst ist sie wichtiger als ihr alle, da sie es ist, die ich begossen habe. Da sie es ist, die ich unter den Glassturz gestellt habe. Da sie es ist, die ich mit dem Wandschirm geschützt habe. Da sie es ist, deren Raupen ich getötet habe (außer den zwei oder drei um der Schmetterlinge willen). Da sie es ist, die ich klagen oder sich rühmen gehört habe oder auch manchmal schweigen. Da es meine Rose ist.«
Und er kam zum Fuchs zurück:
»Adieu«, sagte er ...
»Adieu«, sagte der Fuchs. »Hier mein Geheimnis. Es ist ganz einfach: man sieht nur mit dem Herzen gut. Das Wesentliche ist für die Augen unsichtbar.«
»Das Wesentliche ist für die Augen unsichtbar«, wiederholte der kleine Prinz, um es sich zu merken.
»Die Zeit, die du für deine Rose verloren hast, sie macht deine Rose so wichtig.«
»Die Zeit, die ich für meine Rose verloren habe ...«, sagte der kleine Prinz, um es sich zu merken.
»Die Menschen haben diese Wahrheit vergessen«, sagte der Fuchs. »Aber du darfst sie nicht vergessen. Du bist zeitlebens für das verantwortlich, was du dir vertraut gemacht hast. Du bist für deine Rose verantwortlich ...«
»Ich bin für meine Rose verantwortlich ...«, wiederholte der kleine Prinz, um es sich zu merken.

Antoine de Saint-Exupéry

T 3

Gebet: Ich kann sehen

Guter Gott, ich habe Augen und kann sehen;
dafür danke ich dir.
Hilf mir sehen zu lernen:
mit meinen eigenen Augen
die Gesichter der Menschen,
die Farben der Blumen,
die Schönheit deiner Welt.
Guter Gott, schau auch du mich an.
Amen.

T 4

Gebet: Ich kann fühlen

Guter Gott, ich kann fühlen und berühren;
dafür danke ich dir.
Hilf mir fühlen zu lernen:
durch Streicheln und Zärtlichsein.
Menschen berühren mich;
sie zeigen mir damit,
dass sie mich lieb haben.
Sie zeigen mir auch,
dass du mich lieb hast.
Amen.

T 5

Gebet: Ich kann schmecken

Guter Gott, ich kann schmecken;
dafür danke ich dir.
Ich schmecke gutes Brot,
ich schmecke Fleisch und Fisch,
ich schmecke Milch und Limonade,
ich schmecke Kuchen und Eis
und vieles mehr.
Du hast für jeden Geschmack etwas.
Danke, lieber Gott;
mit dem Geschmack kann ich die Köstlichkeiten genießen,
nicht nur den Hunger stillen.
Ich danke dir dafür.
Amen.

T 6

Gebet: Ich kann riechen

Guter Gott, ich kann riechen;
dafür danke ich dir.
Hilf mir riechen zu lernen:
mit meiner eigenen Nase
den Duft von Blumen und Wiesen,
von frischem Brot und wohlriechenden Ölen.
Ich staune, dass ich riechen kann
und ich danke dir dafür.
Amen.

T 7
Schau mal an

Schau mal an,
was ich kann:
Ich kann sehen
und kann gehen,
kann mich drehen
und kann stehen
auf einem Bein
schon ganz allein.
Und dann, und dann,
dann bist du dran!

Rolf Krenzer

T 8
Streicheln

Ich streichle dich ein bisschen
und gebe dir ein Küsschen.
So, ja, so!
Schon sind wir beide froh!
Nun streichel mich ein bisschen
und gib mir auch ein Küsschen.
So, ja, so!
Schon sind wir wieder froh!

Rolf Krenzer

T 9
Die Geschichte von dem Kind und dem Bild

Einmal hat ein Kind ein Bild gemalt. Es hat lange gebraucht, bis es fertig war, und das Kind hat alle Buntstifte benutzt, die es besaß.
Dann ist es zu der Oma gegangen und hat ihr das Bild gezeigt.
»Was ist das?«, hat das Kind die Oma gefragt.
»Ein schönes buntes Bild«, hat die Oma gesagt.
»Aber was ist es?«, hat das Kind erneut gefragt.
Das hat die Oma nicht gewusst.
Da hat das Kind den Opa gefragt.
»Das ist fast wie ein Picasso«, hat der Opa gesagt und dabei gelächelt.
»Was ist fast wie ein Picasso?«, hat das Kind darauf den Opa gefragt.
»Ein Maler«, hat der Opa geantwortet.
»Ich bin auch ein Maler«, hat das Kind gesagt.
Dann ist es zu seiner großen Schwester gegangen.
»Du hast ja wirklich alle Farben benutzt«, hat diese gesagt.
»Ja«, hat das Kind gesagt. »Und was ist es?«
»Buntes Gekritzel!«, hat die große Schwester gesagt.
Da hat das Kind ihr das Bild weggenommen.
Es ist zu seinem Vater gegangen.
Der Vater hat am Tisch gesessen und die Zeitung gelesen.
Da hat das Kind einfach sein Bild auf die Zeitung gelegt und weiter nichts gesagt.
»Oh!«, hat sein Vater gesagt. »Das ist ja ein schöner bunter Regenbogen! Er geht von einer Seite zur anderen. Er reicht von dir zu mir.«
»Genau!«, hat das Kind gesagt.
Und dann haben sie das Bild aufgehängt, das Kind und sein Vater. Gerade dort, wo sich das Sonnenlicht an der Wand spiegelte.

Rolf Krenzer

T 10
Fragen und viele Antworten

Die Mutter fragt:	Wozu gab uns Gott unsere Hände?
Das Kind antwortet:	Mit den Händen kann ich spielen und arbeiten, den Becher hochheben, einen Ball rollen, dich drücken, streicheln, kitzeln, krabbeln, festhalten ...
Die Mutter fragt:	Wozu gab uns Gott die Beine?
Das Kind antwortet:	Mit den Beinen kann ich gehen und laufen und treten und tanzen, springen, hopsen, schaukeln ...
Die Mutter fragt:	Wozu gab uns Gott die Augen?
Das Kind antwortet:	Mit den Augen kann ich sehen und blinzeln und lachen und weinen ...
Die Mutter fragt:	Wozu gab uns Gott den Mund und die Stimme?
Das Kind antwortet:	Mit dem Mund kann ich essen und trinken und dir einen Kuss geben ... Ich kann schreien und flüstern, sprechen und singen, lachen und weinen, bitten und danken.
Die Mutter sagt:	Wir wollen Gott für alles danken, was er uns gegeben hat.

Die einzelnen Antworten können gemeinsam nach und nach erarbeitet und gegeben werden. Das freie Gebet kann wiederholt und mit den Inhalten, die das Kind interessieren, variiert werden.

T 11
Gott freut sich, wenn wir fröhlich sind

Wenn wir uns vertragen,
Liebes tun und sagen,
lachen, witzeln, scherzen,
freut sich Gott von Herzen.
Wenn wir aber motzen,
böse sind und trotzen,
erst schrei ich, und dann weinst du,
schaut uns Gott nur traurig zu.

Rolf Krenzer

T 12

Vom Beten

Es war ein Kind gerade in sein Bett gekrabbelt, da hat sich die Mutter zu ihm gesetzt.
»Wollen wir beten?«, hat die Mutter gefragt.
»Wie macht man das?«, hat das Kind gefragt.
Da hat die Mutter ihre Hände gefaltet und es dem Kind gezeigt.
Das war so leicht, dass es das Kind auch gleich konnte.
Es hat die Hände gefaltet und gefragt: »Und jetzt?«
»Jetzt sprechen wir mit Gott!«, hat die Mutter gesagt.
»Wo ist Gott?«, wollte da das Kind wissen.
»Überall!«, hat die Mutter gesagt.
»Auch draußen?«, hat das Kind gefragt.
Die Mutter hat genickt.
Da wollte das Kind unbedingt nach draußen.
So hat die Mutter das Kind auf den Rücken genommen und ist mit ihm nach draußen gegangen.
Julia und Jens und Philipp sind auch mitgegangen. Und Philipps Teddy auch.
Draußen war es dunkel.
»Ist hier auch Gott?«, hat da das Kind gefragt und sich an der Mutter festgehalten.
»Seht ihr dort den hellen Stern?«, hat Jens gefragt.
»Gott hat alle Sterne am Himmel gemacht!«, hat Julia erklärt.
»Und die Sonne und den Mond!«
»Ist Gott dort oben bei dem Stern?«, hat das Kind gefragt.
»Ja!«, hat die Mutter gesagt. »Dort oben und hier unten bei uns!«
»Und in meinem Zimmer auch?«, hat das Kind gefragt.
»Auch in deinem Zimmer!« Die Mutter hat gelacht und das Kind wieder zurück in sein Zimmer getragen.
Julia, Jens und Philipp sind auch wieder hineingegangen. Und der Teddy auch.
»So«, hat das Kind gesagt und seine Hände gefaltet, »jetzt wollen wir beten«:
»Lieber Gott!«, hat die Mutter gebetet. »Du bist überall da und gibst immer auf uns Acht, weil du uns so lieb hast. Dafür danken wir dir!«
Das Kind hat zugehört und an Julia und Jens und Philipp und den Teddy gedacht.
Und an den Vater und an den hellen Stern am Himmel.
»Amen!«, hat die Mutter noch leise gesagt, denn da war das Kind bereits eingeschlafen.

Rolf Krenzer

T 13

Die Geschichte von Gott und dem Kind

»Alles hat Gott geschaffen«, sagte die Mutter.
»Mich aber nicht«, meinte das Kind. »Du hast mich doch geboren.«
»Aber Gott hat dich in meinem Bauch wachsen lassen«, antwortete seine Mutter. »Als du geboren warst, konntest du schon atmen und trinken, du konntest schreien und strampeln, und du hast in die Windeln gemacht. Ja, du hast wirklich gelebt.«
Das Kind hörte gut zu. Es hatte es gern, wenn seine Mutter davon erzählte. »Und was war dann?«, fragte es.
»Dann haben wir gebetet und Gott gedankt, dass wir dich so lebendig und gesund bei uns hatten.«
»Habt ihr laut gebetet?«, fragte das Kind. »Und die Oma auch?«
»Ich habe leise gebetet. So leise, dass es sonst niemand gehört hat«, sagte seine Mutter.
»Nur Gott«, flüsterte das Kind und nickte.
»Haben die anderen auch leise gebetet?«, fragte das Kind. »Waren sie auch so froh?«
»Sicher«, sagte seine Mutter. »Wir waren so glücklich, dass Gott dich uns geschenkt hat.«
»Dann hat Gott mich auch geschaffen«, sagte das Kind nachdenklich.
»Du hast mich so geboren, wie Gott mich geschaffen hat.«
»Richtig!« Seine Mutter nickte und lächelte ihm zu.
»Seid ihr immer noch so glücklich?«, fragte das Kind.
»Immer noch«, sagte seine Mutter leise und nahm das Kind ganz fest in den Arm.

Rolf Krenzer

T 14

Gebete

Lieber Gott, ich danke dir,
dass du mir meine Eltern geschenkt hast,
dass wir uns zusammen freuen dürfen,
dass wir zusammen wohnen,
dass wir zusammen schlafen,
dass wir uns lieb haben.
Amen.

Jesus,
beschütze Vater und Mutter,
Oma und Opa.
Ich habe sie so lieb.

Lieber Gott,
meine Mutter ist krank.
Hilf, dass sie bald wieder gesund wird.
Amen.

Jesus, heute hatten wir Streit.
Meine Eltern haben sich über mich geärgert.
Hilf, dass alles wieder gut wird.
Amen.

Mutti und Vati hör ich gern lachen.
Ich möchte ihnen viel Freude machen.
Dass ich stets freundlich und hilfsbereit sei,
lieber Gott, bitte, hilf mir dabei.
Amen.

T 15

Gebet: Gott, du hast mich wunderbar geschaffen

Guter Gott,
wunderbar hast du mich geschaffen.
Du hast mir einen Leib gegeben,
der mir täglich hilft zu leben.
Du hast mir eine Seele gegeben,
ohne die ich nicht wirklich leben könnte.
Ich staune,
dass du mich so gut geschaffen hast.
Danke, lieber Gott.
Amen.

T 16

Gebet: Gott, du hast mir mein Gesicht gegeben

Guter Gott,
du hast mir mein Gesicht gegeben,
unverwechselbar und schön.
Mein Gesicht zeigt den Menschen,
wie es mir geht.
Hilf mir, mit meinem Gesicht
den Menschen auch dein Gesicht zu zeigen.
Ich staune über mein Gesicht
und ich danke dir, lieber Gott.
Amen.

T 17

Gebet: Gott, keiner kann allein leben

Guter Gott,
keiner kann allein leben;
wir brauchen andere Menschen.
Es tut mir gut,
dass ich von anderen Menschen
so angenommen bin wie ich bin.
Es tut mir besonders gut,
dass du mich erfahren und fühlen lässt,
wie wertvoll ich bin.
Ich staune, dass ich wertvoll bin
und ich danke dir, lieber Gott.
Amen.

T 18

Gebet: Ein gemeinsames Zeichen

Guter Gott,
Menschen, die zusammengehören,
tragen oft ein gemeinsames Zeichen.
Wir gehören zu dir und zu Jesus, deinem Sohn.
Dein Zeichen ist der Regenbogen.
Du zeigst uns damit,
dass du zu uns gehören willst
und wir zu dir.
Unser Zeichen als Christen ist das Kreuz.
Danke, lieber Gott,
dass wir uns erkennen.
Amen.

T 19

Der Anorak

(Obwohl Jörg seinen Anorak extra gewaschen hat, lachen ihn seine Spielkameraden wieder aus.
Vernachlässigt, allein gelassen, abgelehnt, verspottet.)

»Schmutzfink! Schmutzfink!« schreien die Kinder, wenn sie Jörg auf der Straße sehen. Dann halten sie sich die Nase zu und rufen: »Dein Anorak stinkt ja schon! Pfui!«
Jörg zuckt jedes Mal zusammen, wenn er die Kinder so rufen hört. Er weiß ja selbst, dass sein Anorak furchtbar schmutzig ist. Aber was soll er denn machen? Er kann doch keinen Anorak waschen! Schließlich geht er erst in den Kindergarten. Wenn bloß Mama alles machen würde! Aber die kümmert sich um nichts. Und Papa sagt nur: »Ich bin doch keine Waschfrau.«
»Schmutzfink! Schmutzfink!« Immer wieder rufen es die Kinder. Jörg kann es nicht mehr hören. Da denkt er eines Tages: Wenn Mama den Anorak nicht wäscht, mache ich es eben doch alleine! Ich versuche es einfach.
Er holt sich Waschpulver und eine Schüssel und macht sich Waschlauge zurecht. Dann stopft er seinen Anorak hinein und los geht's! Du liebe Zeit, das Wasser wird vielleicht schmutzig! Nun noch spülen und fest auswringen!
Jörg strahlt: Herrlich sauber ist sein Anorak geworden. Zur Vorsicht bringt er ihn zum Trocknen in den Keller. Mama muss ja nicht gleich merken, was er gemacht hat.
Zwei Tage lang geht Jörg im Pullover in den Kindergarten. Er friert zwar ganz schön, aber was hilft's? Der Anorak trocknet nun mal nicht schneller.
Am dritten Tag ist es dann soweit: Voller Stolz zieht Jörg seinen sauberen Anorak an. Die Kinder werden Augen machen! Jetzt soll noch einer Schmutzfink rufen! Auf der Straße trifft Jörg Fritz.
»Wie läufst du denn herum?«, fragt Fritz. »Dein Anorak ist ja völlig zerknittert.«
Jörgs Gesicht zuckt, als er antwortet: »Aber ganz sauber, guck mal. Habe ich selbst gewaschen.«
»Na und?«, sagt Fritz, »aber gebügelt ist er nicht. Mit so einem Knitterding würde ich nicht herumlaufen.«
Jörg schaut an sich hinunter. Er beißt die Zähne zusammen. Aber trotzdem rollen zwei dicke Tränen über sein Gesicht und tropfen auf den frisch gewaschenen Anorak.

Gisela Schütz

T 20

Martin von Tours

(Aus der Sicht eines jungen Zeitgenossen wird eine Begegnung mit dem heiligen Martin geschildert.)

Man schreibt das Jahr 380. Ein heißer Sommertag geht zu Ende. Der Abend bringt ein wenig kühle Luft. Den ganzen Tag über sah man in der Stadt Tours kaum einen Menschen auf der Straße. Aber nun am Abend gehen viele Leute spazieren. Sie erholen sich von der Hitze des Tages.
Drüben auf der anderen Seite der Straße geht ein Vater mit seinem Jungen. Sie sind fremd hier. Niemand grüßt sie. Nur manchmal sieht jemand ihnen neugierig nach. Sie tragen staubige, zerrissene Kleider. Sie haben einen langen Weg hinter sich.
Der Junge fragt: »Vater, ist es noch weit? Ich bin hungrig und müde!« Sein Vater legt den Arm um ihn. Dann sagt er: »Wir werden bald da sein. Du wirst dich satt essen können, und dann wirst du auch eine Schlafstelle bekommen!«
»Und wenn er uns wegschickt?«, fragt der Junge ängstlich. Sein Vater tröstet ihn: »Er wird uns helfen. Er hat allen geholfen, die seine Hilfe brauchten.« Dann hält der Vater einen Mann an. Er fragt höflich: »Freund, könnt ihr uns sagen, wie wir zum Bischof Martin kommen?« Der Mann erklärt es ihnen: »Geht diese Straße weiter! Dort am Brunnen stehen viele Leute. Stellt euch dazu! Sie warten alle auf den Bischof.«
Nun gehen beide schneller. Sie werden bald bei dem Bischof von Tours sein. Als sie am Brunnen ankommen, setzen sie sich auf die Erde. Sie wollen ein wenig ausruhen und hier warten, bis der Bischof kommt.
Viele Menschen warten schon: Alte Leute, die sich mühsam auf ihren Stock stützen. Arme Leute, die hungrig sind. Junge Leute, die krank sind und nicht arbeiten können; Kinder, die niemanden haben, der für sie sorgt. Ein Junge setzt sich zu ihnen auf die Erde. Er fragt höflich: »Ihr kommt sicher von weit her. Wollt ihr auch zu unserem Bischof?« Der Vater nickt und sagt: »Wir sind seit drei Tagen unterwegs. Wir sind gekommen, um hier Hilfe zu finden. Unser Haus ist abgebrannt. Wir haben all unser Hab und Gut verloren. Wir sind in einer Nacht zu Bettlern geworden.«
Der Junge hat aufmerksam zugehört. Nun fragt er: »Meint ihr, dass der Bischof euch helfen wird?«
Da erzählt ihm der Vater die Geschichte, die überall im Land bekannt ist: »Früher war der Bischof Martin ein ganz einfacher Soldat. Er war so mutig und tapfer, dass er bald Offizier wurde. Aber schon damals kümmerte er sich um die Armen. Von seinem Sold behielt er nur das, was er unbedingt für sein Leben brauchte. Alles andere verschenkte er.
Einmal begegnete ihm an einem kalten Wintertag ein Bettler, der nur noch Lumpen auf seinem Leib trug. Er wimmerte vor Kälte. Als Martin ihn sah, nahm er sein Schwert und schnitt damit seinen eigenen Mantel mitten durch. Die eine Hälfte gab er dem Armen. Die andere Hälfte legte er sich selbst wieder um.
In der folgenden Nacht soll dem Martin Jesus Christus im Schlaf erschienen sein. Er soll jenes Mantelstück getragen haben, das Martin dem armen Bettler am Abend geschenkt hatte.«
Der fremde Junge kennt die Geschichte schon. Er weiß auch, dass Martin in jener Nacht ein Christ und später Mönch wurde und sogar ein Kloster gründete. Er erzählt den beiden, dass er heute mit dem Bischof sprechen will. Er möchte auch gerne Mönch werden und in das Kloster eintreten. Er möchte auch Gott dienen und armen Menschen helfen.
Nun springt er plötzlich auf und ruft: »Seht, dort kommt der Bischof mit den Mönchen. Kommt mit, wir wollen ihm entgegengehen!« Der Vater und sein Junge müssen lange warten, bis sie endlich an der Reihe sind. So viele Leute wollen ja mit dem Bischof sprechen. Aber er hat für alle Zeit. Als sie schließlich vor Bischof Martin stehen und ihm ihre Not klagen, da wissen sie: Er wird auch ihnen helfen.

Rolf Krenzer

T 21

Sankt Martin lehrt das Teilen

Der Martinszug ist aus. Ich habe den Martin gesehen. Stolz saß er auf einem Apfelschimmel. In seinem Helm spiegelte sich das sanfte Licht der Straßenlaternen. Zwei Musikkapellen gab es, und wir haben zu ihrer Musik Martinslieder gesungen.
Meine Laterne ist ein dicker gelber Mond. Er gefällt mir. Es gab noch eine ganze Reihe dicke gelbe Monde. In dem Meer von bunten Laternen fielen mir die Monde besonders auf. Vielleicht weil ich selber einen habe.
Jetzt bin ich allein mit meinem Mond und gehe nach Hause und denke ein bisschen über den heiligen Martin nach. Er war ein stolzer Ritter und hat ganz großzügig seinen weiten Umhang mit dem Schwert geteilt und zur Hälfte verschenkt. An einen armen frierenden Bettler. Wir sollen Sankt Martins Beispiel folgen. Aber wie?
Ich stelle mir vor, was dabei herauskommt, wenn ich mit einem Messer versuche, meinen Anorak in zwei Teile zu schneiden. Mit einem halben Anorak wäre doch keinem gedient. Und einen Ritterumhang habe ich nicht.
Ich laufe weiter hinter meinem herrlichen Mond her. Am Straßenrand hockt eine Gestalt und sagt: »Hast du mal ne Mark für mich?« Erschrocken gehe ich schneller. Es ist ja schon ziemlich dunkel, und ich habe ein bisschen Angst. Und dann fällt mir wieder Martin ein. Er hatte keine Angst. Er ist nicht an der Gestalt vorbeigaloppiert. Er hat geteilt.
Ich habe nur ein Fünfzigpfennigstück in der Tasche, keine Mark. Aber ich gehe zurück und halte der Gestalt das Geldstück hin und sage: »Da, mehr habe ich nicht.« Der Mann bedankt sich und sagt, ich sei ein guter Junge und Gott möge mich segnen. Ein ganz kleines bisschen kann ich im Schein des Mondes und dem der Straßenlaterne erkennen, dass der Mann ganz arm ist.
Schnell laufe ich wieder weg. Da vorne an der Tür steht schon meine Mutter und wartet auf mich.

Birgitt Siegl

T 22

Kommt und seht, wie's dem armen Mann ergeht
Spiel und Lied

Inhalt:

Der Bettler geht im Winter von Haus zu Haus, doch niemand hilft ihm oder nimmt ihn bei sich auf. Als er nicht mehr weiter kann und frierend in den Schnee fällt, kommt Martin dahergeritten, teilt mit ihm seinen Mantel und gibt ihm zu essen.

Mitspieler:

Bettler, Martin, Pferd des Martin, Leute, die den Bettler wegschicken, Kinder. Es können auch Spieler als Bäume und als Häuser eingesetzt werden.

Spieldauer:

bis 15 Minuten.

Mögliche Spielform:

Spiel im Kreis – Spiel im Halbkreis – Spiel auf der Bühne – Puppenspiel – Schattenspiel – Menschenschattenspiel.

Bühnenbild:

Große Winterlandschaft als Gemeinschaftsarbeit an der Rückwand. Die einzelnen Häuser können aus Tischen gebaut werden. Es können auch große Papphäuser gebaut und angemalt werden. Ebenfalls können mehrere Spieler ein Haus bilden. Umgedrehte Tische können ebenso Häuser darstellen.

Requisiten und Kostüme:

Es kann ganz ohne Requisiten gespielt werden. Dann wird das Teilen des Mantels auch pantomimisch dargestellt.

Wer einige Kostüme mit den Kindern erproben will, kann dem Martin einen einfachen Umhang geben, der leicht zu teilen ist. Der Bettler kann dünne und ärmliche Kleidung tragen. Die Leute, die den Bettler von ihren Türen weisen, können als unterschiedliche Berufe gekennzeichnet wein (Bäcker, Metzger, Kaufmann, Förster usw.)
Das Pferd kann auch von einem Spieler (oder von zwei Spielern) dargestellt werden, dem eine braune Decke übergelegt ist. Wenn zwei Spieler das Pferd darstellen, bildet der erste Spieler das Vorderteil, der Zweite, sich bückend und an dem ersten Spieler anklammernd, das Hinterteil. Evtl. können Pappohren an einem Stirnband befestigt werden. Martin hat ein Holz- oder Plastikschwert. In seiner Tasche trägt er ein eingewickeltes Butterbrot, das er im Verlauf des Spiels dem Bettler schenkt.

Praktische Vorbereitungen:

Das Hintergrundbild einer Winterlandschaft kann auf Tapetenrollen mit Fingerfarben oder sonstigen Farben gezeichnet werden. Auch Betttücher können aufgehängt werden und so eine Winterlandschaft darstellen. Ebenfalls lässt sich blauer Plakatkarton mit Watte bekleben, so dass der Eindruck von Schneeflocken entsteht.
Zum Erzählen der Legende können die einzelnen Szenen spontan angespielt werden. Der Text stellt nur einen Vorschlag dar, der beliebig erweitert oder gekürzt werden kann.

Noten und Spieltext:

Das Lied stellt die Verbindung zu den einzelnen Szenen her. Es kann von einem kleinen Chor oder von allen Mitspielern gesungen werden. Mit dem Orff-Instrumentarium lässt sich eine einfache Begleitung gemeinsam mit den Kindern erarbeiten.

Kommt und seht

T u. M: Rolf Krenzer

Kommt und seht, kommt und seht, wie's dem ar-men Mann er-geht! Schaut's euch an, schaut's euch an! Sagt, wer hilft dem ar-men Mann?

Auf der Bühne sind verschiedene Häuser aufgebaut, in denen Menschen wohnen. Sie stellen eine Straße dar. Es ist kalt. Man hört den Wind heulen.

Zwei Kinder kommen mit ihren Schlitten.

Erstes Kind:	Meine Finger tun so weh! Es ist viel zu kalt zum Schlitten fahren!
Zweites Kind:	Ich habe ganz kalte Füße.
Erstes Kind:	Gut, dass wir wieder zu Hause sind!
Zweites Kind:	Hoffentlich hat meine Mutter etwas Warmes zum Essen für mich. Eine Suppe oder heiße Waffel.
Erstes Kind:	Oder heißen Tee oder heißen Zitronensaft.
Zweites Kind:	Oh, ich friere! Ich gehe schnell nach Hause!
Erstes Kind:	Mach's gut! Bis morgen! Kommst du wieder mit deinem Schlitten?
Zweites Kind:	Wenn es nicht wieder so kalt ist.
Erstes Kind:	Es wird aber auch bald dunkel. Und abends ist es immer kälter als am Tag.
Zweites Kind:	Mach's gut! Bis morgen!

Die Kinder verabschieden sich und gehen auf zwei Häuser zu. Ihnen wird geöffnet, und sie werden von den Spielern in den Häusern herzlich empfangen. Man hört wieder deutlich den Wind heulen.

Durch die Straße kommt ein Mann. Er ist sehr dünn angezogen, trägt nur Lumpen auf dem Körper und stützt sich auf einen Stock. Er geht sehr langsam und mühsam. Er geht auf das erste Haus in der Straße zu und klopft an.

Bettler:	Hallo! Hallo! Macht mir doch auf!

Er wartet und klopft dann erneut.

        Hallo! Hallo!

Ein Spieler kommt aus dem Haus heraus.

Spieler:	Was willst du?
Bettler:	Ich habe Hunger! Mich friert so!
Spieler:	Tut mir leid! Wir haben gerade den Tisch abgeräumt.
Bettler:	Dann lass mich doch zu euch hinein, damit ich mich aufwärmen kann.
Spieler:	Das fehlte gerade noch! Du schleppst uns noch die Läuse ins Haus! Und überhaupt, wir haben keinen Platz!
Bettler:	Hilf mir doch!
Spieler:	Tut mir leid! Es geht nicht!

Er geht in sein Haus zurück und schlägt die Tür hinter sich zu.

Alle singen:	Kommt und seht, kommt und seht, wie's dem armen Mann ergeht! Schaut's euch an, schaut's euch an! Sagt, wer hilft dem armen Mann?

Der Bettler geht mühsam weiter zum nächsten Haus und klopft an.

Bettler:	Hallo! Hallo! Macht mir doch auf!

Er wartet und klopft erneut.

       Hallo! Hallo!

Stimme:	Wer ist da?
Bettler:	Ich habe Hunger. Ich friere. Lasst mich doch zu euch hinein!
Stimme:	Bist du ein Bettler?
Bettler:	Ja, ein Bettler.
Stimme:	Geh weiter! Wir haben nichts für dich!
Alle singen:	Kommt und seht, kommt und seht, wie's dem armen Mann ergeht! Schaut's euch an, schaut's euch an! Niemand hilft dem armen Mann.

Der Bettler geht weiter zum nächsten Haus. Er reibt sich die Hände und schlägt die Arme um seinen Oberkörper, weil er so friert. Dann klopft er an.

Bettler: Hallo! Hallo!

Er wartet und klopft erneut.

       Hallo! Hallo! Helft mir doch! Ich friere so!
       Ich habe solchen Hunger!

Er wartet wieder. Im Haus rührt sich nichts. Er klopft erneut.

       Hallo! Hallo! Es ist draußen so kalt!
       Lasst mich doch zu euch hinein!

Er wartet. Dann klopft er noch einmal. Im Haus bleibt alles still. Da resigniert er und geht langsam weiter zum nächsten Haus.

Alle singen: Kommt und seht, kommt und seht,
       wie's dem armen Mann ergeht!
       Schaut's euch an, schaut's euch an!
       Niemand hilft dem armen Mann.

Der Bettler geht zum nächsten Haus und klopft an.

Bettler: Hallo! Hallo!

Die Tür wird geöffnet. Ein Spieler kommt heraus.

Spieler: Fort mit dir! Geh weiter! Wir geben nichts!
       Wir haben selbst nicht genug!

Der Spieler geht ins Haus zurück und schlägt die Tür hinter sich zu. Traurig wendet sich der Bettler ab. Er geht mühsam nach vorn zur Mitte der Bühne. Dort lässt er sich nieder, reibt sich die Hände und zeigt deutlich, dass er friert. Ein Spieler kommt dick vermummt herbei. Der Bettler streckt ihm die Hände entgegen.

Spieler:	Tut mir leid! Ich habe keine Zeit!
Bettler:	Ich friere so!
Spieler:	Ich habe kein Geld bei mir!

Der Spieler geht weiter, ohne sich noch einmal umzusehen.

Alle singen:	Kommt und seht, kommt und seht,
	wie's dem armen Mann ergeht!
	Schaut's euch an, schaut's euch an!
	Niemand hilft dem armen Mann.

Vater, Mutter und Kind kommen vorbei. Sie sind warm angezogen. Vater und Mutter wollen an dem Bettler vorbei, doch das Kind bleibt stehen.

Kind:	Warum gehst du nicht nach Hause?

Der Bettler ist in sich zusammengesunken.

Kind:	Es ist doch viel zu kalt! Komm, steh auf!
	Du erfrierst sonst noch!

Der Vater geht zurück, packt das Kind am Arm und zieht es hinter sich her. Der Wind pfeift. Der Bettler hockt zusammengesunken auf der Erde und streckt hilflos seine Hände aus.

Alle singen:	Kommt und seht, kommt und seht,
	wie's dem armen Mann ergeht!
	Schaut's euch an, schaut's euch an!
	Sagt, wer hilft dem armen Mann?

Martin kommt auf seinem Pferd angeritten. Als er den Bettler sieht, hält er sein Pferd an.

Martin:	Brr! Hallo, wer bist du?
	Warum gehst du nicht nach Hause?

Der Bettler gibt keine Antwort.

        Es ist doch viel zu kalt! Komm steh auf!

Martin steigt vom Pferd herunter, geht auf den Bettler zu und versucht, ihn vom Boden hochzuziehen.

        Du bist ja halb erfroren.

Er betrachtet sich die Kleidung des Bettlers.

        Das sind ja nur Lumpen.

Er greift in seine Manteltasche und holt ein Stück Brot heraus.

        Da, iss!

Bettler:	Danke!

Der Bettler packt das Brot aus und beißt hinein.

Martin:	Wo wohnst du?
Bettler:	Ich habe kein Haus.
Martin:	Du zitterst ja vor Kälte. Warte!

Er zieht sein Schwert heraus, teilt damit seinen Mantel in zwei Teile und hängt ein Mantelstück dem Bettler um die Schultern.

        Na, geht es so besser?

Der Bettler wickelt sich in den warmen Mantel ein. Martin hängt sich das andere Mantelstück um. Dann winkt er dem Bettler zu, steigt auf sein Pferd und reitet davon. Der Bettler schaut hinter ihm her, hebt die Hand, winkt ihm nach.

Bettler: Martin, das wird Gott dir nie vergessen.

Während der Bettler langsam davongeht, singen alle:

> Kommt und seht, kommt und seht,
> wie's dem armen Mann ergeht!
> Schaut's euch an, schaut's euch an:
> Einer hilft dem armen Mann.
> Schaut's euch an, schaut's euch an:
> Martin hilft dem armen Mann.

Rolf Krenzer

T 23

Der heilige Nikolaus

Am 6. Dezember kommt der Nikolaus.
Markus und Petra warten schon den ganzen Tag auf ihn.
Jetzt wird es endlich dunkel.
Markus hat ein bisschen Angst.
Da erzählt der Vater:

Der heilige Nikolaus lebte vor vielen Jahren. Er war ein Pfarrer, ein Bischof. Er hatte Jesus lieb. Deshalb liebte er auch alle Menschen, die in Not waren. Er half ihnen aus der Not. Deshalb nennen wir ihn einen »Nothelfer«.
Einmal half er einem armen Mann und seinen Kinder. Der Mann war so krank, dass er nicht arbeiten konnte. Und die Frau war gestorben. Da hatten die Leute nichts zum Essen und nichts zum Anziehen. Doch eines Morgens stand ein großer Sack vor der Tür. Als die Kinder den Sack öffneten, fanden sie Mehl und Brot. Da brauchten sie nicht mehr zu hungern.
Am nächsten Morgen stand wieder ein Sack vor der Tür. Als die Kinder den Sack öffneten, fanden sie Hosen und Jacken, Pullover und Hemden. »Bestimmt hat uns der Bischof Nikolaus geholfen!«, sagte der Mann. »Wir wollen heute Abend gut aufpassen. Vielleicht kommt er noch einmal zu uns. Dann können wir ihm für alles danken!«
Sie warteten so lange, bis ihnen die Augen zufielen. Der Vater versuchte wach zu bleiben. Aber er wurde auch immer müder. Da hörte er plötzlich ein Geräusch vor der Tür. Er sprang auf und lief hinaus. Auf der Straße sah er einen Mann davongehen. Der kranke Mann lief ihm so schnell nach, dass er ihn noch erreichte.
Er erkannte den Bischof Nikolaus und dankte ihm von ganzem Herzen. Doch der Bischof sage freundlich: »Es ist schon gut! Gehe schnell zurück nach Hause, denn es ist kalt. Du willst doch bald wieder gesund werden!« Dann ging er schnell weiter.
Als der Mann zurückkam, stand wieder ein Sack vor der Tür. Der Mann weckte seine Kinder. Sie öffneten den Sack und fanden Schuhe darin, sodass sie nicht mehr barfuß laufen mussten. Als sie die Schuhe aber anziehen wollten, merkten sie, dass in den Schuhen Spielzeug steckte. Weil sie so arm waren, hatten sie noch nie Spielzeug geschenkt bekommen. Deshalb freuten sie sich sehr!

Jetzt hat Markus keine Angst mehr. Petra sagt: »Der Bischof Nikolaus ist vor vielen Jahren gestorben. Heute verkleidet sich nur jemand als Nikolaus!«
»Wartet ab, bis er kommt!«, sagt der Vater und lächelt geheimnisvoll. »Vielleicht legt er ja auch nur etwas in die Schuhe hinein!«, meint Markus. »Vielleicht kommt er heute gar nicht zu uns!«

Rolf Krenzer

T 24

Nikolaus und die Schiffer

Zu der Zeit, als Nikolaus Bischof von Myra war, fuhren Seeleute mit ihrem Schiff einmal über das Mittelmeer. Eines Tages brach ein furchtbarer Sturm los. Der Himmel wurde ganz finster und die Wellen tobten. Der Sturm packte das Segel und riss es in viele Stücke. Dann zerbrach er auch den Mast. Die Wellen schlugen über den Bootsrand und bald stand das Schiff voll Wasser. In ihrer Not dachten die Seeleute an den Bischof von Myra und riefen laut: »Nikolaus, hilf uns! Nikolaus, hilf uns!«
Da sahen sie plötzlich einen fremden Mann am Steuer ihres Schiffes stehen. Er nickte ihnen freundlich und beruhigend zu und lenkte das Schiff sicher durch die Fluten. So erreichten sie trotz des furchtbaren Unwetters sicher das Land. Als sie aber dort ausgestiegen waren, war der furchtlose und freundliche Helfen verschwunden. Da liefen sie zur Kirche nach Myra, um Gott für ihre wunderbare Rettung zu danken.
Wie erstaunten sie aber, als sie dort den Bischof Nikolaus erblickten. Er und kein anderer war es gewesen, der in der Nacht ihr Schiff sicher durch das Unwetter gelenkt hatte. Da fielen sie vor dem Bischof auf die Knie und dankten ihm von ganzem Herzen. Der Bischof aber sagte: »Denkt an die Geschichte von Jesus, der so stark ist, dass ihm sogar der Sturm auf dem See Gennesaret gehorchte. Wenn ihr Jesus vertraut, wird euch nichts geschehen!«
Die Seeleute machten Nikolaus zu ihrem Schutzheiligen und der heilige Nikolaus ist der Schutzheilige der Seeleute bis zum heutigen Tag.

Rolf Krenzer

T 25

Ein Lichtblick

Ein Lichtblick bringt Menschen
zum Aufatmen.
Jeder kann einem anderen
einen Lichtblick schenken.
Du, ich, jeder.

Ein Lichtblick bringt Menschen
zum Aufatmen.
Jeder kann einem anderen
eine Freude machen.
Du, ich, jeder.

Ein Lichtblick bringt Menschen
zum Aufatmen.
Jeder kann einem anderen
zur Seite stehen.
Du, ich, jeder.

Ein Lichtblick bringt Menschen
zum Aufatmen.
Jeder kann einem anderen
Trost schenken.
Du, ich, jeder.

Ein Lichtblick bringt Menschen
zum Aufatmen.
Jeder kann einem anderen
seine Anteilnahme zeigen.
Du, ich, jeder.

Jeder kann für einen anderen
ein Lichtblick werden.

Gertrud Lorenz

T 26

Willst du mit mir spielen?

Stichworte zum Inhalt und Thema:
Wenn Gemeinschaft entstehen soll, braucht man zur rechten Zeit Zeit für andere.
Voraussetzungen für Gemeinschaft: Zeit haben für andere, Erkennen des Augenblicks, verpasste Gelegenheiten: Übertragen auf die Welt der Erwachsenen: Bitte um das Erkennen der Gelegenheit.

Lisa sitzt auf der Verandatreppe. Sie möchte mit jemand spielen. Da kommt ein kleiner Hund. »Willst du mit mir spielen?«, fragt Lisa. »Nein, jetzt habe ich keine Zeit. Ich will mit einem anderen Hund spielen«, sagt der Hund. Und er läuft weg.
Da kommt ein kleines Kaninchen. »Willst du mit mir spielen?«, fragt Lisa. »Nein, jetzt habe ich keine Zeit. Ich will mit einem anderen Kaninchen spielen«, sagt das Kaninchen. Und es läuft weg.
Da kommt eine kleine Ziege. »Willst du mit mir spielen?«, fragt Lisa. »Nein, jetzt habe ich keine Zeit. Ich will mit einer anderen Ziege spielen«, sagt die Ziege. Und sie läuft weg.
Da kommt ein kleiner Junge. »Willst du mit mir spielen?«, fragt Lisa. »Nein, ich will mit anderen Jungen Fußball spielen«, sagt der Junge. Und er läuft weg.
Da kommt ein kleines Mädchen. »Willst du mit mir spielen?«, fragt Lisa. »Nein, ich will mit anderen Mädchen Hüpfen spielen«, sagt das Mädchen. Und es läuft weg.
Da kommt ein kleine Kätzchen. »Willst du mit mir spielen?«, fragt Lisa. Ja, wenn ich in deinem Schoß liegen und ein wenig schnurren darf«, sagt das Kätzchen. »Ja, das darfst du«, sagt Lisa.
Da kommt der kleine Hund wieder. »Willst du mit mir spielen?«, fragt er. »Nein, jetzt spiele ich mit dem kleinen Kätzchen«, sagt Lisa.
Da kommt das kleine Kaninchen wieder. »Willst du mit mir spielen?«, fragt es. »Nein, jetzt spiele ich mit dem kleinen Kätzchen«, sagt Lisa.
Da kommt die kleine Ziege wieder. »Willst du mit mir spielen?«, fragt sie. »Nein, jetzt spiele ich mit dem kleinen Kätzchen«, sagt Lisa.
Da kommt der kleine Junge wieder. »Willst du mit mir spielen?«, fragt er. »Nein, jetzt spiele ich mit dem kleinen Kätzchen. Du musst allein spielen«, sagt Lisa.
Da kommt das kleine Mädchen wieder. »Willst du mit mir spielen?«, fragt es. »Nein, jetzt spiele ich mit dem kleinen Kätzchen. Du musst allein spielen«, sagt Lisa.
Und dann spielt sie mit dem Kätzchen, und sie spielen und spielen und spielen.

Elle-Kari Höjeberg

Methodische Hinweise:

Diese kleine Fabel kann auch bereits jüngeren Schülern einsichtig machen, dass es nötig ist, für andere Zeit zu haben; ebenso wird es wert sein zu besprechen, dass auch das Mädchen dasselbe Verhalten im zweiten Teil an den Tag legt wie die verschiedenen Personen im ersten. Eine zeichnerische Darstellung an der Tafel kann das Verständnis erleichtern.
Was das Mädchen will. – Wie die Geschichte ausgeht. – Was sagst du zu diesem Mädchen? – Wie ist das bei Erwachsenen?

Problemstellung:

Foto eines Mädchens mit einer Katze oder Umrissfigur mit Sprechblase.

Erarbeitung:

Geschichte lesen. – Gespräch: Mit wem Lisa und wer alles mit Lisa spielen will. Zeit für den anderen haben – verpasste Gelegenheiten.

Vertiefung:

Gebet: Guter Vater! Viele Menschen brauchen mich. Lass mich erkennen, für wen ich da sein muss! Amen.

T 27

Die Geschichte vom Obstsalat

Heute will Frau Heimann mit der ganzen Gruppe Obstsalat zubereiten. Sie hat an alles gedacht: Eine ganz große Schüssel, Messerchen, um das Obst zu schälen und zu schneiden, auch Zucker und süße Sahne. Das Obst haben die Kinder mitgebracht: Äpfel und Birnen, Weintrauben, Apfelsinen und Bananen, dazu Nüsse und Rosinen. Das wird ein köstlicher Obstsalat werden.
Eifrig beginnen die Kinder ihr Obst auszupacken und nach den Messerchen zu greifen. »Geht bitte ganz vorsichtig damit um!«, sagt Frau Heimann. »Sie sind scharf!«
Da steht plötzlich Marina vor ihr. Ganz ernst blickt sie Frau Heimann an und Tränen stehen ihr in den Augen.
»Du hast dich doch nicht schon geschnitten?«, fragt Frau Heimann und greift nach Marinas Hand.
Marina schüttelt ernst den Kopf. »Ich gehe jetzt wieder nach Hause«, sagt sie leise.
»Aber du hattest dich doch auch so sehr auf unseren Obstsalat gefreut!« Frau Heimann blick Marina verständnislos an.
Da verzieht Marina den Mund und jetzt laufen dicke Tränen über ihre Backen. »Ich habe aber doch die Äpfel vergessen, die ich mitbringen wollte!«, jammerte sie. »Sie liegen zu Hause auf dem Küchentisch!«
»Ich habe meine Sachen auch vergessen!«, sagt Jens, der leise neben Marina getreten ist. »Meine Mutter hat es vergessen!«
»Das ist doch nicht schlimm!«, lacht Frau Heimann und drückt jedem der beiden Kinder ein Messerchen in die Hand. »Schaut, wir haben alle unsere Sachen in die Mitte auf den Tisch gelegt. Nehmt euch etwas davon und helft mit, damit wir bald unseren Obstsalat aufessen können.«
Als dann alles Obst geschnitten ist, als der Obstsalat mit Zucker und Sahne abgeschmeckt ist, stellt Frau Heimann viele Tellerchen auf den Tisch. Anette und Udo verteilen den Obstsalat auf die Teller und alle passen auf, dass keiner zu viel oder zu wenig erhält.
»Das hätte ich nicht gedacht!«, sagt Marina zu Jens als sie den großen Obstsalatberg von ihrem Teller löffelt. »Wir haben gar nichts mitgebracht. Und jetzt hat jeder so viel!«
Frau Heimann hat gehört, was Marina gesagt hat. »So ist es immer, wenn man teilt!«, sagt sie. »Dann bekommt jeder etwas. Und jeder hat genug, um satt zu werden!«
»Das ist fast ein Wunder!«, sagt Jens und holt sich mit seinem Löffel ein großes Bananenstück vom Teller.

Rolf Krenzer

T 28

So einfach ist das

(Spontan und ohne Vorbehalte zeigt Sabine ihrem Bruder, wie einfach es sein kann, ein Problem zu lösen.)

Thomas sitzt in der Ecke des Zimmers und langweilt sich. Ihm fällt nichts ein, was er spielen kann. Puh, ist das langweilig!
Da kommt Sabine herein. Sabine ist Thomas' Schwester.
»Nanu, was machst du denn da?«, fragt sie.
»Gar nichts!«, brummt Thomas. »Ich langweile mich!«
»Wir haben doch den großen Baukasten«, meint Sabine. »Willst du nicht mit dem was bauen?«
»Allein ist es zu langweilig ...«, murrt Thomas. »Und zu zweit haben wir keinen Platz!«
»Doch!«, lacht Sabine. »Wir schieben den Tisch weg. Dann können wir eine Stadt bauen!«
»Du hast immer Ideen!«, sagt Thomas und muss lachen. »Wirklich tolle Ideen!«
Bald sind beide in ihr Spiel vertieft. Ehrlich, es wird eine wunderschöne Stadt.

Elinor Lange

T 29

Jana und der Ärgerberg

(Jana hat gestern allen Ärger in sich hineingefressen. Hätte sie darüber sprechen können, dann hätte sie heute kein Bauchweh.)

Jana ist krank. Sie hat schreckliches Bauchweh. Im Bauch grummelt und brummelt es und übel ist ihr auch.
»Was ist los, Jana?«, fragt die Mutter. »Du hast doch nichts Schlechtes gegessen.«
»Nein«, sagt sie. »Aber es tut so weh!«
Die Mutter seufzt. Sie macht sich Sorgen. Was hat Jana nur?
»Nichts hat Jana«, sagt der Doktor, nachdem er Jana gründlich untersucht hat.
»Ihr Bauch ist gesund.«
Nichts? Ob Jana schwindelt?
Fragen wir doch mal, was sie gestern alles erlebt hat.
Jana überlegt. Was war gestern gewesen? Gestern?
O ja, o ja! Gestern war kein schöner Tag!

Beim Aufstehen begann es: Jana fand nur eine blaue Socke. Die andere war spurlos verschwunden. Und weil sie sich beeilen musste, zog sie einfach eine Socke von Lisa an. Uiihh! war das ein Geschrei als Lisa ihre rosa Lieblingssocke an Janas Fuß entdeckte. Und auch die Mutter machte ein böses Gesicht. »Ich finde die andere blaue Socke nicht!«, wollte Jana sagen, doch weil Lisa so tobte, ließ sie es sein. Sie ging in ihr Zimmer zurück und suchte die doofe Socke. Bis Jana sie endlich gefunden hatte, war die Zeit zum Frühstücken vorbei.

Mit dem Brombeermarmeladenfrühstücksbrot in der Hand machte sie sich auf den Weg zum Kindergarten. Unterwegs traf sie Usch und Alfi und eine leere Coladose. Gemeinsam kickten sie die Dose vor sich her. Das machte solchen Spaß, dass Jana vergaß, ihr Marmeladenbrot aufzuessen. Doch auf einmal, ein Rempler von Alfi und Jana stolperte gegen eine Dame mit weißem Kostüm. Peng! Das Brombeermarmeladenbrot klebte an der weißen Jacke und die Dame schimpfte wütend auf Jana ein. Da machten sich Alfi und Usch schnell aus dem Staub und Jana stand da wie ein begossener Pudel.

»Es tut mir Leid«, wollte sie sagen. »Ich hab's nicht mit Absicht getan.«

Aber weil sie sich ohne Alfi und Usch so allein fühlte, brachte sie kein Wort über die Lippen. Die Dame schimpfte weiter und Jana fühlte sich elend. Sie war sauer auf Usch und Alfi! Gemein! Rannten die einfach davon und ließen sie alleine! Wenn die sie nicht geschubst hätten! Schöne Freunde waren das! Am liebsten hätte Jana ihnen gehörig die Meinung gesagt. Sie schluckte und rannte zum Kindergarten.

»Wo bleibst du denn, Jana?«, fragte Frau Mair, die Erzieherin, und ihre Stimme klang gar nicht freundlich. »Deinetwegen mussten wir mit der Probe für unser Sommerfestspiel warten.«

Mist! Jana duckte sich. Jetzt traute sie sich nicht mehr, Frau Mair von der Dame in dem weißen Kostüm mit dem Brombeermarmeladenfleck zu erzählen. Sie hatte auch nicht mehr den Mut, Usch und Alfi gehörig die Meinung zu sagen. Still setzte sie sich auf ihren Platz und sagte erst mal gar nichts mehr. Das war ganz schön schwer, denn irgendwie fühlte sie sich so wütend, wütend, wütend ...

Ein scheußlicher Tag! Und es ging gerade so weiter:

Bei der Probe für das Sommerfestspiel vergaß Jana immer wieder, was sie sagen sollte, Frau Mair schaute verdrießlich, und die Kinder lachten Jana aus. Jana biss die Zähne zusammen. Am liebsten hätte sie laut »Lasst mich in Ruhe!« und »Ich kann das heute nicht!« gerufen. Doch sie schwieg. Sie sagte auch nichts als die Sache mit dem Milchbecher passierte, als die anderen sie an der Rutsche immer wieder wegdrängten, als Alfi ihr den Ball an den Kopf warf und Marc »Spielverderberin« und »du Doofe« zu ihr sagte. Jana sagte überhaupt nichts mehr, doch sie fühlte sich immer wütender.

Zu Hause ging natürlich auch alles schief: Jana kleckerte beim Essen, sie vergaß ihr Meerschweinchen Juppi zu füttern und mit Lisa gab es auch Ärger. Die Mutter schimpfte über das Loch in der neuen Jeans und der Vater hatte keine Lust mit zum Schwimmen zu gehen, und dabei hatte er es ganz fest versprochen.

Ach, was für ein schlimmer Tag! Als Jana abends im Bett lag, wusste sie nicht mehr, ob sie wütend oder traurig sein sollte. So viel Ärger an einem einzigen Tag! Ein richtig hoher Berg voller Ärger. Und sie hatte kein einziges Mal zurückschimpfen können. Das ärgerte Jana am allermeisten. Sie räusperte sich. Ein dicker Kloß steckte in ihrem Hals.

Jana hustete und schluckte, sie überlegte und grübelte, sie grummelte und brummelte, sie seufzte und stöhnte. Und irgendwie schlief sie dann doch ein.

Ist es ein Wunder, dass Jana heute Bauchweh hat?
Bei diesem Ärgerberg?

Elke Bräunling

Impulse:

Wir bauen einen »Ärgerberg« aus Bausteinen. Wer einen Baustein auf den Ärgerberg legt, sagt, was ihn geärgert hat.

Anschließend bauen wir den Ärgerberg ab und nehmen uns vor, uns nicht mehr zu ärgern.

Man kann auch einen Ärger-Freuden-Berg bauen. Gelbe Bausteine sind ärgerliche, rote Steine freudige Erlebnisse. Wir versuchen, mehr »freudige« als »ärgerliche« Steine für den Berg zu benutzen.

T 30

Eine ganz lange Geschichte – Gott hat die ganze Welt erschaffen

Nach und nach zählen wir alles auf, was Gott geschaffen hat.
(A) Ein Kind beginnt. (B) Das zweite Kind hört sein Wort oder seinen Satz und wiederholt ihn.
Dann beginnt das erste Kind wieder und das zweite Kind folgt. Beim dritten Begriff wird die Kette schon länger, bis wir zum Schluss alles aufzählen und dazu zeigen können. Es ist erstaunlich, wie schnell Kinder das lernen.

A. Gott hat die ganze Welt erschaffen.
   Mit beiden Armen und Händen die Welt zeigen.
A. Den Tag zum Wachsein
   Aufrichten, mit den Händen den Schlaf aus den Augen wischen.
B. Gott hat die ganze Welt erschaffen.
   Den Tag zum Wachsein
A. und die Nacht zum Schlafen.
   Den Kopf auf die Hände legen.
B. Gott hat die ganze Welt erschaffen.
   Den Tag zum Wachsein und die Nacht zum Schlafen.

A. Der Himmel soll über die Erde gehen.   B. Gott hat ...
   Mit beiden Händen den Himmel über uns zeigen.
A. Länder   B. Gott hat ...
   Beide Hände nach vorn ausbreiten.
A. und Meere ließ Gott entstehn.   B. Gott hat ...
   Wellenbewegungen mit den Armen.
A. Pflanzen   B. Gott hat ...
   mit den Händen am Boden eine Pflanze darstellen,
A. und Sträucher ließ Gott gedeihn.   B. Gott hat ...
   halbhoch aufrecken, mit den Armen die Zweige darstellen.
A. Und Bäume bis in den Himmel hinein.   B. Gott hat ...
   Aufstehen, die Arme hoch recken.
A. Er schuf die Tiere,   B. Gott hat ...
   Beide Hände nach vorn halten.
A. Groß und klein.   B. Gott hat ...
   Einer zeigt, wie groß ein großes Tier ist, ein Zweiter, wie klein ein kleines.
A. Und alle sollen gesegnet sein!   B. Gott hat ...
   Segenszeichen.
A. Zum Schluss hat Gott die Menschen gemacht.
                                          B. Gott hat ...
   Ein Mädchen und ein Junge stehen auf.
A. Er sagte: Gebt gut auf alles Acht!   B. Gott hat ...
   Erhobener Zeigefinger.
A. Dass meine Schöpfung stets besteht   B. Gott hat ...
   Auf alle zeigen, die etwas dargestellt haben.
A. und nichts darin verloren geht!   B. Gott hat ...
   Aufstehen und beide Arme nach vorn.

Rolf Krenzer

T 31

Ich mache meine Augen auf

Ich mache meine Augen auf
und über mir ist der blaue Himmel.
Am Tag scheint die Sonne und Wolken ziehen über mir.
In der Nacht ist der Himmel schwarz, aber dann leuchten der Mond und die Sterne.
Wenn ich meine Augen öffne, staune ich über alles, was über mir ist.

Ich mache meine Augen auf
und unter mir ist der Weg, die Erde und die Wiese.
Das Gras wächst und die Blumen blühen.
Es krabbeln Käfer und Ameisen.
Dort kriecht eine Schnecke. Da kommt eine Raupe.
Wenn ich meine Augen öffne, staune ich über alles, was unter mir ist.

Ich mache meine Augen auf
und um mich herum sind Bäume und Berge, Tiere und Menschen,
Erwachsene und Kinder.
Wenn ich meine Augen öffne, staune ich über alles, was ich um mich herum sehe.

Ich mache meine Augen auf
und du bist bei mir, Mutti, und du bist bei mir, Vati.
Wenn ich meine Augen öffne, bist du bei mir.

Wenn ich meine Augen schließe, bist du auch bei mir.
Ich spüre dich, wenn ich dich auch nicht sehe.
Und du bist bei mir, guter Gott.
Immer, wenn ich meine Augen öffne.
Immer, wenn ich meine Augen schließe.

Ich mache meine Augen auf
und sehe alles, was du geschaffen hast.
Wenn ich meine Augen öffne, kann ich mich darüber freuen.
Du, lieber Gott, dafür danke ich dir!

Rolf Krenzer

T 32

Du hast mich so wunderbar erschaffen

Gott, du hast mich so wunderbar erschaffen.
Mit meinen Augen kann ich alles sehen.
Mit meiner Nase rieche ich und mit meinen Ohren höre ich.
Mit meinem Mund kann ich das aussprechen, was ich denke.
Mit meinem Mund kann ich essen und trinken, wenn ich hungrig oder durstig bin.
Mit meinen Händen kann ich so viel tun, kann spielen und schreiben und kann andere Hände drücken,
andere streicheln und lieb haben.
Meine Arme sind so kräftig, dass ich mich mit ihnen hochziehen kann.
Mein Rückgrat ist gerade.
Meine Beine tragen mich überall hin.
Und ich stehe sicher auf meinen Füßen.
Gott, du hast mich so wunderbar erschaffen.
Hilf mir,
dass meine Augen wirklich sehen lernen und sich nicht vor der Not und dem Unrecht verschließen,
dass meine Ohren auf den anderen hören, dass sie zuhören, auch wenn ihnen nicht alles gefällt, was sie sich anhören sollen,
dass mein Mund das ausspricht, was ich denke, ohne den anderen zu kränken,
dass mein Mund dann auch spricht, wenn man mir den Mund verbieten will,
dass ich immer zu essen und zu trinken habe, wenn ich hungrig und durstig bin,
dass meine Hände sich nicht gegen den anderen richten,
dass meine Hände nicht schlagen oder schießen, sondern sich dem Anderen zuwenden,
ihn streicheln und trösten und ihm etwas von mir geben,
dass meine Arme so stark werden, dass sie auch die Lasten anderer tragen wollen,
dass mein Rückgrat gerade bleibt und nicht von anderen krumm gebogen wird,
dass meine Beine mich überall hintragen dürfen und keiner ihnen Grenzen setzt und
dass ich den sicheren Halt, auf dem ich stehe, nicht verliere.

Rolf Krenzer

T 33

Die Pfingstgeschichte

Die Freunde von Jesus haben Angst.
Sie verstecken sich, sie schließen sich ein.
Sie fragen: Was tun wir ohne Jesus?
Jesus lässt seine Freunde nicht allein.
Er schickt ihnen seinen Geist
Er macht ihnen Mut.
Er erinnert sie daran, was Jesus getan und gesagt hat.
Er hilft ihnen und tröstet sie.

Ihnen wird es ganz warm ums Herz.
Jetzt haben sie keine Angst mehr, sie öffnen die Tür.
Sie gehen hinaus auf die Straße.
Sie gehen zu den Menschen.
Sie erzählen ihnen vom Herrn Jesus Christus
so sagen sie jetzt, denn jetzt verstehen sie:
Jesus ist Gottes Sohn.

Viele Menschen hören von Jesus Christus,
sie hören seine frohe Botschaft: Gott liebt die Menschen.
Sie wollen auch zu Gott gehören.
Sie wollen zu Jesus Christus gehören.
Sie wollen sich seinen Geist schenken lassen.
Sie lassen sich taufen: im Namen des Vaters, des Sohnes und des Heiligen Geistes.
Sie gehören zur Gemeinschaft der Christen.

T 34

Phantasiereise: Das verlorene Schaf

Wir träumen davon, auf der Wiese zu liegen, wir träumen von frischem Wasser.
Der Hirte ist mit seinen Schafen auf der Wiese, er schützt die Schafe.
Die Schafe sind müde, sie schlafen.
Ein Schaf will nicht schlafen, es will weggehen.
Es geht fort, heimlich.
Es läuft über die Wiese, es läuft auf die andere Seite des Baches,
es läuft in die Berge – immer höher.
Es kommt an eine Stelle, da geht es nicht mehr vorwärts und zurück.
Es hat Angst, es zittert.
Am Morgen zählt der Hirte die Schafe, eines fehlt.
Er geht, um es zu suchen, er macht sich Sorgen.
Er kommt zu den Bergen, er hört das Schaf rufen, er steigt hinauf, er findet das Schaf.
Er freut sich, er trägt es zurück zu den anderen Schafen.
So ist Gott, er lässt uns nicht allein.
Auch wenn wir uns verirrt haben, hilft er uns.

T 35

Jesus betet zu Gott, seinem Vater

Jesus sagt zu seinen Freunden: Ich möchte jetzt allein sein.
Er ist ganz still. Jesus weiß, er ist nicht allein. Gott ist bei ihm.
Jesus weiß: Gott hat mich lieb; ich bin sein Sohn.
Gott ist mein Vater, ich gehöre zu ihm.

Jesus spricht mit Gott: Jesus betet.

Jesus kommt zu seinen Freunden zurück; er ist sehr froh.
Die Freunde fragen: Was hast du gemacht?
Jesus antwortet: Ich habe gebetet.
Die Freunde spüren: Beten kann helfen; Beten kann froh machen; Beten kann trösten.
Die Freunde bitten Jesus: Zeige uns, wie wir beten können.
Jesus spricht: Vater unser im Himmel ...

T 36

Was auf dem Weg passiert

Jesus erzählt eine Geschichte:

Da kommt einer.	*Einer geht den Weg.*
Er ist müde.	
Er hat Durst.	
Alles ist ihm schwer geworden.	*Er legt sich auf den Weg.*
Da kommt ein anderer.	*Ein Zweiter kommt.*
Er ist nicht müde.	
Er ist nicht lange unterwegs.	
Er geht seinen Weg.	*Er steigt über den Ersten hinweg.*
	(Evtl. gehen mehrere achtlos vorüber.)
Da kommt noch einer.	*Noch jemand kommt.*
Er sieht den Menschen auf der Erde liegen.	
Er geht nicht achtlos vorüber.	
Er hilft.	
Er bückt sich zum Liegenden und tut ihm etwas Gutes.	
Er gibt ihm Wasser,	
er stützt ihn;	
er geht mit ihm;	
er ist sein Freund.	

Jesus sagt: Der dich braucht, ist dein Nächster.

T 37

Die Geschichte vom Abendmahl Jesu

Jesus feiert mit seinen Freunden ein besonders Fest.
Er sagt: Gott hat euch lieb.
Bei diesem Fest nimmt Jesus das Brot.
Er dankt Gott, teilt das Brot, gibt es seinen Freunden und sagt: »Dieses Brot ist mein Leib. Esst alle davon.«
Dann nimmt er den Becher mit Wein.
Er dankt Gott, gibt den Wein seinen Freunden und sagt: »Das ist mein Blut. Trinkt alle daraus.
Tut das immer wieder und denkt dabei an mich.«

T 38

Der Weg Jesu zum Kreuz

Jesus hat mit seinen Freunden das Abendmahl gefeiert.

Jesus geht mit seinen Freunden zu einem Garten.
Dort ist Nacht, dunkle Nacht.
Jesus kommt in den Garten; er lässt die Jünger am Eingang zurück.
Jesus hat Angst, er betet: »Vater, hilf mir!«
Jesus betet noch einmal: »Vater, hilf mir! Dein Wille soll geschehen.«
Gott gibt Jesus die Kraft, seinen Weg zu gehen.
Jesus sagt zu seinen Freunden: »Ich muss den Weg gehen.«
Da kommen Soldaten und nehmen Jesus gefangen.
Die Soldaten führen Jesus zu Pilatus, dem Richter.
Er verurteilt Jesus zum Tod.
Die Soldaten führen Jesus zum Stadttor hinaus.
Es ist ein schwerer Weg.
Jesus trägt das Kreuz.

Am Weg stehen Menschen. Viele lachen Jesus aus. Einige sind traurig.
Da ist Simon. Er hilft Jesus das Kreuz tragen.
Als sie auf dem Berg ankommen, nageln sie Jesus ans Kreuz.
Das Kreuz wird aufgestellt.
Die Menschen sagen: »Den anderen Menschen hat er geholfen; sich selbst kann er nicht helfen.«
Jesus sagt: »Vater, vergib ihnen!«
Dann sagt er: »Vater, ich gebe mich in deine Hände. Dein Wille soll geschehen.«
Jesus stirbt.

Gestaltung:
Eine gelbe Decke mit einem kleinen weißen Tuch in die Kreismitte auf den Boden legen. Brot, Wein und Jesus-Kerze darauf stellen. Sie erinnern an das Abendmahl.
Vom gelben Tuch aus führt ein Weg (braunes Tuch) zu einem Garten (grüne Tücher).
Schwarze Tücher bedecken die grünen Tücher.
Die Jesus-Kerze wird in das Dunkel gestellt.
Ein großer Stein wird zur Kerze gelegt.
Wir entzünden kleine Kerzen und beten für Menschen, die im Dunkeln sind.
Ein kleines weißes Tuch wird zur Kerze gelegt.
Ein geknotetes Seil wird zur Kerze gelegt.

Ein Tor wird an den Garten gelegt und ein braunes Tuch als Weg ausgelegt.
Steine werden in den Weg gelegt.

Ein zweites braunes Tuch quer auf den Weg legen. So entsteht ein Kreuz. Die Jesus-Kerze wird auf das Kreuz gestellt.
Ein künstlerisch gestaltetes Bild von weinenden Menschen oder von Maria wird an das Kreuz gelegt.
Ein Bild von helfenden Menschen oder von Simon von Kyrene wird zum Kreuz gelegt.

Die Jesus-Kerze wird ausgeblasen.
Wir werden still.
(Wir können unsere traurigen Gefühle aussprechen.)
Wir stellen Blumen zum Kreuz.
Wir fassen uns bei den Händen.

A = Arbeitshilfen

A 1
Das Vaterunser mit Gesten

Die Gesten werden ruhig und fließend vollzogen.

Vater unser im Himmel,	Beide Arme ellbogenhoch erheben, Hände nach oben öffnen	
geheiligt werde Dein Name!	Arme und Hände langsam nach oben führen	
Dein Reich komme!	Die Hände gehen weiter auseinander (im Kreis – wie eine Krone).	
Dein Wille geschehe!		
wie im Himmel, so auf Erden!	Der rechte Arm zeigt nach oben, der linke Arm zeigt nach unten.	
Unser tägliches Brot gib uns heute,	Die Hände werden vor dem Körper wie eine Schale gehalten.	

und vergib uns unsere Schuld,	Die linke Hand geht nach links, die rechte ebenfalls und deckt die linke zu.	
wie auch wir vergeben unseren Schuldigern!	Die rechte Hand legt sich auf die ausgestreckte Hand des rechten Nachbarn.	
Und führe uns nicht in Versuchung,	Arme ausstrecken – nach vorne – waagrecht – überkreuzen	
sondern erlöse uns von dem Bösen!	Die überkreuzten Arme werden nach oben geführt und plötzlich gelöst.	
Denn Dein ist das Reich	Die Arme werden nach oben gestreckt.	
und die Kraft und die Herrlichkeit,	Jeder faßt seinen Nachbarn an den erhobenen Händen, die sich langsam senken.	
Amen.	Langsame, tiefe Verbeugung zur Kreismitte, zum Altar und voreinander – und füreinander	

SR. IMELDA HUF

A 2

Anregung: Ich werde gehalten

Gott hält mich in seiner Hand.
Ich vertraue mich anderen an.
Ich fühle mich geborgen.
Ich gebe dem Anderen die Hand.
Ich nehme die Hand des Anderen.

A 3

Anregung: Streicheln

Streicheln des Kopfes
Streicheln des Körpers
Streicheln der Hände und Arme
Streicheln der Beine und Füße
Streicheln des Gesichts, der Nase, der Wangen,
der Stirn, des Kinns, der Ohren.
Nasssprühen (kalt – warm)
Bürsten der Haare
Anblasen
Föhnen der Haare
Frottieren des ganzen Körpers
Eincremen
Pudern

Da solche Berührungsreize emotional und meist angenehm erlebt werden, kann ein Aktivieren noch dadurch verstärkt werden, dass ein freundliches begleitendes Zusprechen und/oder das Singen oder Summen einer Melodie hinzukommen, immer dann, wenn z. B. die Hände gestreichelt oder die Haare gebürstet werden.
Solche Berührungsreize sind auch dann besonders stark, wenn man das Kind auf den Schoß oder in den Arm nimmt, es leicht an sich drückt, ganz leicht schaukelt und dazu summt, singt oder leise spricht.

Viele dieser einfachen Verse und Lieder zur Begleitung von Handlungen sind als »Kniereiter« bekannt, weil sie dann gesungen werden, wenn das Kind auf dem Schoß sitzt. Es sind kleine Versgeschichten, die immer wiederholt werden. Dabei kommt es nicht auf die Worte an, vielmehr auf den Klang, den Reim und die stark erlebnishaltige und emotionale Situation, die das Kind auf den Armen oder auf dem Schoß der Bezugsperson erfährt.

A 4

Anregung: Familienknoten

Komm, wir machen einen Familienknoten:
Zuerst komme ich auf dich zu und nehme dich in die Arme.
Wir drücken uns so fest wir nur können.
Jetzt kommst du noch dazu.
Und du! Und du!
Seht ihr, das ist ein richtig schöner Familienknoten!

A 5

Tageslauf

Inhalte/Aufgaben:

Wir erzählen, wie es bei uns zugeht, was wir an einem Tag tun.
Wir berichten von gestern.
Wir berichten von einem Sonntag.
Wir berichten von einem Werktag.
Wir spielen »Wecken« und »Aufstehn«.
Wir spielen unseren Tageslauf: z. B. Aufstehn – Waschen – Morgengebet – Anziehen – Frühstück – Schulweg – Schule – Mittagessen – Spiel – Hausaufgaben – Besuch – Abendessen – Fernsehen – Waschen – ins Bett gehen – Abendgebet.
Wir singen Morgenlieder/Abendlieder.
Wir stellen in Spielliedern Ereignisse des Tageslaufes dar.
Wir betrachten auf Bildern, was andere während des Tages erleben,
vergleichen dies mit unseren eigenen Erlebnissen.
Wir hören Geschichten und spielen einzelne Szenen daraus.
Wir sprechen regelmäßig ein Gebet: vor dem Frühstück, vor dem Mittagessen usw. (vgl. A 17).

Ziele:

Den Tag als gegebene Ordnung erkennen.
Den persönlichen Tageslauf einsichtig machen, über eigene Erlebnisse berichten,
Ereignisse des Tageslaufes bewusst erfahren und erleben.
Erkennen, dass jeder einzelne seinen Tageslauf lebt, der ganz unterschiedlich sein kann,
jedoch in festen Ordnungen verläuft, die von Familie zu Familie unterschiedlich sein können.
Erkennen, dass der Tag von Morgen und Abend begrenzt wird. Vom Morgen bis zum Abend stehen wir unter Gottes Schutz. Wir haben Gelegenheit mit ihm zu sprechen.
Wir beten allein und mit anderen, z. B. vor dem Essen, in der Schule.

A 6

Familie – Thema: Gott gibt mir Eltern

Inhalte/Aufgaben:

Wir zählen an den Fingern auf, wer zu unserer Familie gehört.
Wir sprechen die einzelnen Namen deutlich aus, nennen die Namen der Brüder und Schwestern.
Wir gehen nach dem Alter vor und nennen die Namen in dieser Reihenfolge.
Wir berichten von unseren Eltern, Geschwistern, Verwandten und Freunden.
Wir erzählen, was wir mit ihnen gemeinsam erlebt haben.
Wir zeigen Fotos von unseren Verwandten.
Wir bringen Verwandte mit.
Wir legen ein Fotoalbum an, sammeln Bilder von unserer Familie, aber auch Bilder, die sich auf die Situation der eigenen Familie übertragen lassen.

Familie:

Vergleich: Kind in der Familie – Kind in der alleinerziehenden Familiensituation – Kind ohne Familie, Heimunterbringung – Adoption usw.
Wir berichten, wie wir uns gegenseitig helfen können.
Wir berichten, was die Eltern für uns, was wir für die Eltern usw. tun können.

Ziele:

Erkennen, dass wir in einer Familie leben, dass zur Familie Eltern und Geschwister gehören (auf Ausnahmen achten!).
Aufgaben und Tätigkeiten der einzelnen Familienmitglieder beschreiben.
Erkennen, dass es in verschiedenen Familien unterschiedlich zugeht. Unterschiede herausstellen.
Erkennen, dass familiäres Zusammenleben nur dann positiv möglich ist, wenn feste Regeln bestehen und jedes einzelne Familienmitglied ihm mögliche Pflichten übernimmt und diese auch möglichst regelmäßig ausübt.
Bewusst machen von Pflichten, die von uns übernommen werden können, damit wir unseren Teil zum Zusammenleben beitragen, sodass andere Familienmitglieder weniger Arbeit haben.
Bewusstes erleben von Festen und Feiern innerhalb der Familie, mit Freunden usw.
Es soll erkannt werden, dass man in einer Familie lebt, zu dieser Familie gehört und innerhalb der Familie Rechte und Pflichten hat. Wir erleben in der Familie Freude und Not. Wir streiten und versöhnen uns. Wir können selbst dazu beitragen, dass es Freude macht, mit unserer Familie zu leben.
Gott hat mir Eltern und Geschwister gegeben. Sie lieben mich und sorgen sich um mich. Ich liebe sie und helfe ihnen. Ich habe ein Zuhause.

A 7

Wir beten zusammen

Wir geben uns die Hände ...
oder:
Wir halten unsere Hände und beten still,
dass Gott uns hört
und weiß wofür heute jeder danken will.

A 8

Alles hat Gott geschaffen

Inhalte/Aufgaben:

Dinge der nächsten Umwelt erkennen und benennen.
Tiere, Pflanzen usw. erkennen und benennen.
Natur in den verschiedenen Jahreszeiten beobachten.
Im Garten mitarbeiten, säen, pflanzen, ernten.
Beobachten, wie Blumen wachsen.
Tiere erleben, Tiere in der nächsten Umwelt, kleine Tiere, große Tiere, Besuch eines Zoos.
Arbeit mit Arbeitsblättern, Bilderbüchern, Bildern, Spielen, auf denen Gottes Schöpfung zu sehen ist.

Ziele:

Die Kinder sollen erkennen, wie vielfältig Gottes Schöpfung ist.
Gott ist der Schöpfer der großen und kleinen Tiere und Pflanzen.
Die Menschen sind Gottes Geschöpfe.
Erkennen und benennen einzelner Dinge, zuordnen.
Wir tragen Verantwortung für Gottes Schöpfung, d. h. für unsere nächste Umwelt.
Verhalten gegenüber Tieren, Pflanzen, Lebensmitteln usw.
Verhalten gegenüber anderen Menschen.

A 9

Meine Eltern

Methodische Anregungen: Fingerspiele

Das ist der Vater,
das ist die Mutter,
das ist die Schwester,
das ist der Bruder
und das bin ich.
Peter Schmidt, so heiße ich!

Der Vater, die Mutter, der Opa, die Oma und ich.
Der Vater, die Mutti, der Heinz, die Gerda und ich.

A 10

Einander helfen

Inhalte/Aufgaben:

Tägliches Helfen praktizieren.
Gemeinsames Spielen, gemeinsames Bauen, gemeinsames Arbeiten.
Bewusst machen, dass Hilfe gegeben oder gefordert wird.
Im Spiel, im Spiellied und im täglichen Miteinanderleben sich helfen.
Pflichten in der Familie, in der Gruppe, in der Klasse.
Helfer kennen lernen, z. B. den Arzt, den Polizist, den Freund, den Lehrer.

Ziele:

Erkennen, dass jeder von uns helfen kann.
Situationen erkennen lernen, in denen aufgefordert und unaufgefordert Pflichten übernommen werden können und Hilfe geleistet werden kann.

A 11

Das bin ich

Hier klebe ich ein
Foto von mir auf.

Den Rahmen male ich farbig an.

Bausteine – Materialien   Arbeitshilfen

A 12

Darf ich mich vorstellen?

Ich heiße _____

Ich bin _____ Jahre alt.

Ich habe am _____ Geburtstag.

Ich gehe in die _____ Klasse.

Ich wohne in _____

Die Straße, an der ich wohne, heißt
_____

Ich habe _____ Geschwister.

Sie heißen _____

Meine Eltern heißen mit Vornamen
_____

Hier zeichne ich meine Familie.

Arbeitshilfen *Bausteine – Materialien*

A 13

Mein Gesicht

Ich nehme einen Spiegel und zeichne mein Gesicht.
Ich klebe ein paar Haare von mir auf.

So sehe ich aus:

_____
_____
_____
_____
_____

A 14

Das ist meine Freundin
Das ist mein Freund

A 15

Spielvorschläge

Apfel beißen:

Auf einen Tisch legen wir vier Äpfel. Jeden Apfel an eine Kante. Nun müssen sich vier Mitspieler vor diese Äpfel stellen und versuchen, sie aufzuessen. Aber Vorsicht: Die Hände müssen dabei nämlich auf den Rücken gelegt werden, und der Apfel darf nicht herunterfallen. Wer zuerst seinen Apfel aufgegessen hat, darf einen zweiten mit nach Haue nehmen.

Obst würfeln:

Wir malen auf Karton oder festes Zeichenpapier verschiedene Früchte und zerschneiden sie in gleich große Teile. Jeder Mitspieler erhält seine Frucht in den Einzelteilen. Nun wird reihum gewürfelt. Wer mit dem Zahlenwürfel eine sechs oder mit dem Farbwürfel eine vorher ausgemachte Farbe würfelt, darf ein Teilstück seiner Frucht anlegen. Wer die Frucht zuerst fertig hat, ist Sieger.
Die einzelnen Teile können auch nummeriert werden, sodass dann zuerst das Stück mit der Zahl 1, dann das mit der Zahl 2 usw. angelegt wird, bis die ganze Frucht fertig ist.

Den Erntekorb füllen:

Wir schneiden aus Katalogen usw. alles aus, was wir ernten können. Wir können auch alles zeichnen und farbig ausmalen.
Dazu zeichnen wir einen großen Korb.
Jeder erhält nun viele Früchte.
Wer mit dem Zahlenwürfel eine 1 würfelt, darf eine Frucht in den Korb legen. Wer seine Früchte zuerst alle im Korb hat, ist Sieger.

Was wir ernten:

Wir sitzen im Kreis. Einer beginnt zu berichten, was er geerntet hat und in den Erntekorb legen will: »Ich lege einen Kürbis in den Erntekorb hinein.«
Der zweite Spieler wiederholt das, was der erste genannt hat, und fügt etwas Neues hinzu: »Einen Kürbis. Und ich lege eine Birne in den Erntekorb hinein.« Der dritte Spieler hat es schon schwerer: »Einen Kürbis, eine Birne. Und ich lege einen Kohlkopf in den Erntekorb hinein.«
So geht es weiter. Wenn einer einen Fehler macht, darf er wieder neu beginnen.
Die einzelnen Sachen können auch mit begleitenden Gesten gezeigt werden: Weit ausholend beim Kürbis, die Birnenform, den runden Kohlkopf nachahmend usw.

Wie ist das mit dem Teilen?
Ein Spiel mit Material:

Wir brauchen eine lange Schnur und viele Sachen, die jeder von uns gern besitzt, zum Beispiel Spielautos, Puppen und viele andere kleinere Spielsachen, dazu Süßigkeiten wie eingepackte Bonbons, Lutscher usw. Alles binden wir an diese Schnur.
Nun darf ein Kind alles für sich haben, und es wickelt die lange Schnur mit den vielen Sachen so lange um sich herum, bis es sich kaum noch rühren kann.
Und die anderen? Sie haben nichts!
Darauf lässt sich das Kind von allen langsam auswickeln. Jeder fasst an die Schnur und jeder bekommt etwas von den Sachen, die an ihr hängen.
Wenn alle die Schnur in der Hand halten, können wir einen großen Kreis bilden und gemeinsam tanzen. Dazu eignen sich die Lieder: »Gibst du mir von deinem Apfel ab« (L 26) und Lied »Butter, Honig, Marmelade« (L 45, Lied vom Überfluss).

A 16

Rollenspiel: Wir gehen zu Jesus

Ein Gruppenmitglied übernimmt die Rolle von Jesus.
Andere übernehmen verschiedene Rollen: ein Schulkind, ein Vater,
ein kranker Mensch, ein Schulbusfahrer, ein Pastor, ein behinderter Mensch.

Wir gehen zu Jesus.
Was wollen wir bei Jesus?
Jesus segnet uns.

A 17

Vom Morgen zum Abend

Lernchancen:

Die Kinder sollen erkennen,
– dass der Tag vom Morgen und vom Abend begrenzt wird;
– dass zwischen dem heutigen und dem morgigen Tag die Nacht liegt;
– dass der Tag mit all seinen Erlebnissen bereits Vergangenheit ist, wenn sie abends im Bett liegen.

Die Kinder sollen anhand einfacher Lieder und Gebete die Erfahrung machen,
– dass sie vom Morgen bis zum Abend unter Gottes Schutz sind;
– dass sie jederzeit mit Gott reden können (am Morgen, vor dem Essen, in der Schule, am Abend).

Das Arbeitsblatt zeigt Sonne und Mond als Symbole des Tages und der Nacht. Die Sonne mit ihrem Strahlenkranz wird ausgeschnitten und auf einen weißen Zeichenbogen aufgeklebt. Alles, was die Sonne bescheint, kann nun dazu gemalt werden, bis das Blatt gefüllt ist (Haus, Baum, Berg, Tier, Pflanze, Mensch, Fluss, Straße usw.).

Auf den Bildleisten werden sechs für das Kind wichtige Abschnitte des Tagesablaufs dargestellt: Wecken und Aufstehen; Die Familie am Frühstückstisch; Der Schulweg; Der Unterricht; Beim Spiel; Der Abend. Die Bilder fordern zum Erzählen auf, wobei auf die Situation eines jeden Kindes eingegangen werden sollte. Die Bildleisten können (von einer Kopie) auch ausgeschnitten und die einzelnen Szenen in ein kleines Heft geklebt werden. Auf die erste Seite wird die Sonne gemalt und auf die letzte Seite der Mond. Die noch freien Seiten können mit selbst gemalten Situationen ausgefüllt werden.

Statt dieses selbst gemachten Bilderbuchs kann aber auch entsprechend ein ganzes Fotoalbum über den Tageslauf ausgearbeitet werden, wenn Kinder eigene Fotos mitbringen. Die einzelnen Bilder des Arbeitsblatts werden dann miteingeklebt und zeigen symbolhaft auf, welche Erlebnisse auf der entsprechenden Seite im Mittelpunkt stehen. Dieses Foto-Bilderbuch kann Eltern interessante und wichtige Einblicke in die Erlebniswelt ihrer Kinder vermitteln. Zu den einzelnen Situationen können einfache Lieder und Gebete gefunden/gelernt werden, die die Erfahrung beinhalten: Gott begleitet uns – wir können mit ihm reden!

A 18

Schattenspiel

Das Schattenspiel wird vom Team des Konfirmandenunterrichts selbst entwickelt und hat zwei biblische Texte als Grundlage:
1. Die Heilung des Blinden von Jericho   Mk 10,46–52
2. Der Kämmerer aus Äthiopien   Apg 8,26–39

Das Schattenspiel wird *anstelle der Predigt* von den Konfirmanden und dem Unterrichtsteam gemeinsam aufgeführt. Eine Sprecherin liest den Text und die Konfirmanden sind die Darsteller. Eine gespannte weiße Leinwand von ca. 4 m Länge und 2,20 m Höhe bildet eine Schattenspielfläche. Als starke Lichtquelle dient ein Overhead-Projektor, auf dem gleichzeitig mit Hilfe verschiedener Folien Requisiten und Bühnenbilder projiziert werden.

Die Proben beginnen schon einige Wochen vorher damit, dass die Konfirmanden mit der Methode des Schattenspiels vertraut und langsam an die Funktionsweise herangeführt werden: Das Licht fällt auf die Leinwand und durch Requisiten und Schauspieler werden Schatten gebildet, die das Publikum auf der anderen Seite kaum gesehen. Abwechselnd probieren sich alle Konfirmanden als Schattenspieler und als Zuschauer aus, um so auch die praktische Seite des Spiels kennen zu lernen:
– Je weiter entfernt die Schattenspieler von der Leinwand stehen, umso undeutlicher werden die Schattenrisse.
– Deutlich erkennbare Schatten (und damit auch der Erzählfiguren und Requisiten) entstehen nur, wenn »quer« zum Publikum gespielt wird, und nicht wie beim traditionellen Theater frontal.

Auf dieses allgemeine Proben und Ausprobieren verwenden wir ausreichend Zeit. Zwischendurch werden dann auch die beiden Bibelgeschichten eingeflochten, aus denen das Schattenspiel entstehen soll, um dadurch auch eine längere Phase der konkreten Auseinandersetzung zu ermöglichen. Sie werden zum Beispiel mit Hilfe von Dias (Kees-de-Kort-Bilder, M 4) erzählt. Dabei kommt es natürlich zu Fragen der Konfirmanden zu den Inhalten der beiden Geschichten. Durch die Zuwendung Jesu zu den Ausgegrenzten können die Konfirmanden ihre Wirklichkeit wieder erkennen: Auch sie werden oft abgelehnt oder ausgegrenzt. Die Aufnahme in die Gemeinschaft durch Jesus bekommt hier einen eigenen Erlebensraum.

In einer Szene, in der der Finanzminister in der Bibel liest und sie nicht versteht, wird folgende Aussage besonders erkennbar: Nicht nur die Konfirmanden verstehen Bibelaussagen nicht und benötigen Hilfe, sondern viele nichtbehinderte Menschen auch. An solchen Punkten manifestiert sich die Aktualität von Bibelgeschichten im eigenen Leben.

Die Geschichte des Kämmerers aus Äthiopien bekommt eine besondere Rolle als Rahmengeschichte: Die Taufe des Kämmerers am Ende des Schattenspiels wird zu einem realen Ereignis im Gottesdienst, wenn einige Konfirmanden getauft und andere konfirmiert werden.

Die Geschichte muss allen Mitspielern verständlich werden; nur so ist die Schattenspieldarstellung wirksam möglich. Inhalte und Gefühle der in der Geschichte vorkommenden Personen/Rollen werden in eindeutige Gesten und Symbole übertragen, damit die Gemeinde die Aufführung und damit die Aussagen dieses Spiels leicht verstehen kann.

Eine weitere Symbolik entsteht in der Schlussszene des Schattenspiels, in der Philippus den Finanzminister tauft. Im Schattenspiel sollte dies möglichst mit Hilfe eines echten großen Taufbeckens geschehen: Die große Schattenspielwand wird zur Seite gezogen und sichtbar wird für alle Gemeindemitglieder dieses Taufbecken, das nicht verschoben werden sollte. Es bleibt am selben Ort stehen. Hier werden jetzt die Konfirmanden getauft, und die Aussage des Schattenspiels wird so in den weiteren Gottesdienstverlauf eingebettet.

Requisiten und *Darstellungsmöglichkeiten* werden mit den Darstellern diskutiert und ausprobiert. Viele neue Ideen entstehen und werden umgesetzt. Dabei zeigt sich schon sehr früh die »Gemeinschaft der Gruppe«. Die Frage, welche Rolle ein behinderter Konfirmand im Rollstuhl bekommen soll, wird eifrig diskutiert. Ein Nichtmitspielen würde nie in Erwägung gezogen, und so kann kurzerhand der Rollstuhl zum Wagen des Kämmerers umfunktioniert und der Konfirmand zum Kutscher werden.

Im Gegensatz zum Anfangs- und Schlussritual der Gruppenstunden werden im *Konfirmationsgottesdienst* ganz andere Sinne angesprochen, Fertigkeiten erlernt und Möglichkeiten zum eigenen Handeln geboten. Dabei sind alle Handlungen und Abläufe in die Lebenswirklichkeit der jungen Menschen integriert, bzw. lassen unmittelbare Berührungspunkte dazu erkennen. In den biblischen Geschichten kristallisieren sich im Laufe der Proben durch die Fragen der Konfirmanden und die Ideen des Vorbereitungsteams zum Schattenspiel einige *Kernaussagen* heraus (Elementarisierung von biblischen Aussagen), etwa:

- Jesu Zuwendung zu den Schwachen und oft Abgelehnten hat einen persönlichen aktuellen Bezug, da die jungen Menschen mit Behinderung Ausgrenzung und Ablehnung selbst erfahren.
- Die Heilung des blinden Bartimäus zeigt, dass nicht nur organisch Blinde von Jesus geheilt werden, sondern auch eine innere Blindheit von allen Menschen überwunden werden kann.
- Es gibt Menschen, die beim Verstehen der Bibeltexte helfen können.

Neben diesen Kernaussagen inhaltlicher Art liegen große *Lern- und Erlebensbereiche* in der gemeinsamen Entwicklung des Schattenspiels, in den Proben und auch in der Aufführung. Neue Fertigkeiten werden erlernt und geübt (das Spielen als Schattenfigur im Miteinander, Umgang mit Requisiten und Kostümen), Gedankengänge und Inhalte werden verstanden und nachvollzogen (Stellung der Spieler zueinander, Gestik) und alle Sinne werden auf eine neue Art gefordert.

Arbeitshilfen   *Bausteine – Materialien*

Schattenspiel in fünf Bildern[11]

Die Bekehrung eines Finanzministers

Text	Handlung	
	Wer?	Was?

1. Auf dem Weg nach Jerusalem (Kulisse: Weg, Palmen, die Stadt Jerusalem im Hintergrund)

Text	Wer?	Was?
Ein vornehmer Mann ist auf dem Weg nach Jerusalem. Er kommt aus einem fernen Land. Er kommt aus Äthiopien in Afrika. Dort ist er Finanzminister der Königin. Er wird Kämmerer genannt. Er fährt in einem Wagen. Ein Kutscher und ein Diener begleiten ihn. Es ist kurz nach Pfingsten. Er hat davon gehört, dass in Jerusalem seltsame Dinge geschehen sind. Davon möchte er mehr erfahren.	Kamel (Niels, Marcus) Kutscher (Markus) Kämmerer (Dirk) und Diener (Tobias) als Kamelführer	Kamel, Kutscher, Kämmerer und Diener gehen langsam durch das Bild, gehen aus dem Bild.

2. Der Kämmerer am (im) Tempel (Kulisse: Tempeleingang)

Text	Wer?	Was?
Der Finanzminister ist in den Tempel gegangen. Hier betet er zu Gott. Er redet mit den Leuten im Tempel. Er möchte mehr erfahren über die Ereignisse der letzten Wochen. Er versteht nicht, was ihm die Leute erzählen. Was soll das alles bedeuten? Er bekommt ein Buch mit Geschichten. Darin soll er lesen. Es ist die Bibel. Er verabschiedet sich von den Leuten. Auf dem Weg zurück nach Äthiopien wird er viel Zeit zum Lesen haben!	Kämmerer (Dirk) Leute (Niels, Marcus, Lena, Stefan) Kämmerer (Dirk) (Lena) Leute und Kämmerer Kämmerer (Dirk) Leute	geht in die Mitte des Bildes und kniet, steht wieder auf. kommen ins Bild, reden miteinander. zieht die Schultern hoch, kratzt sich am Kopf. gibt ihm ein Buch. geben sich die Hand zum Abschied. geht lesend aus dem Bild. gehen auf der anderen Seite aus dem Bild.

3. Der Rückweg (Kulisse: Weg, Palmen, die Stadt Jerusalem im Hintergrund)

Text	Wer?	Was?
Der Finanzminister fährt wieder nach Hause, nach Äthiopien. Er liest in der Bibel. Er liest vom Propheten Jesaja: »Der Geist Gottes hat mich ergriffen. Gott hat mich ausgesucht, um den Armen die gute Nachricht zu bringen, den Verzweifelten neuen Mut zu machen, den Gefangenen zu verkünden: Ihr seid frei! Eure Fesseln werden gelöst!« Der Finanzminister versteht nicht viel davon. Doch er liest weiter: »Er hat mich geschickt, um allen von der Neuen Welt Gottes zu erzählen, die Trauernden zu trösten, die Gefangenen aus den dunklen Gefängnissen zu holen und den blindgewordenen Augen das Licht wiederzugeben!« In diesem Moment kommt Philippus den Weg entlang. Er bleibt stehen. Philippus fragt den Finanzminister: »Verstehst du, was du liest?« Der Finanzminister antwortet: »Nein, ich verstehe es nicht! Kannst du mir helfen?« Der Finanzminister steigt aus und Philippus hilft ihm. Sie lesen gemeinsam in der Bibel. Und Philippus erzählt Geschichten von Jesus:	Kamel (Niels, Marcus) Kutscher (Markus) Kämmerer (Dirk) Diener (Tobias) Diener als Kamelführer Kämmerer (Dirk) Philippus (Stefan) mit Wanderstab Kämmerer (Dirk) Kämmerer und Philippus	Kamel, Kutscher, Kämmerer und Diener gehen langsam vor, bleiben am Rand stehen. blickt auf. kratzt sich am Kopf (überlegt), liest weiter. *[Kulisse aus dem Bild nehmen – jetzt Baum am Rand]* geht dem Kämmerer entgegen, fragt ihn, zeigt auf die Bibel (Gesten: nicht verstehen, abwechselnd zeigen auf Philippus und sich selbst). steigt aus. lesen gemeinsam in der Bibel.

---

11 Als Requisite für die Bilder 1 und 3 benötigen wir ein Kamelkostüm; zwei Spieler bilden das Kamel.

Bausteine – Materialien   Arbeitshilfen

Die Heilung des blinden Bartimäus

Text	Handlung	
	Wer?	Was?
4. Bartimäus beim Betteln (Kulisse: Tempel)		
Das ist die Geschichte, die Philippus erzählt: Bartimäus wird von seinem Freund an die Tempelmauer gebracht. Seine Augen können nicht sehen. Er ist blind. Hier sitzt Bartimäus jeden Tag und bettelt.	Bartimäus (Niels) Freund (Dirk) Bartimäus (Niels)	mit Stock und (großer, gut sichtbarer) Brille mit Kissen streckt die Hand aus
Es gehen Leute vorbei.	Leute (Markus, Lena, Tobias)	gehen durchs Bild,
Einige Leute geben ihm etwas.		gehen ins Bild.
Jesus kommt an die Tempelmauer. Bartimäus hört ihn. Er ruft Jesus. Jesus bleibt stehen und sieht Bartimäus. Jesus fragt: »Was möchtest du? Was soll ich für dich tun?« Bartimäus sagt: »Ich möchte wieder sehen können!«	Jesus (Sven) Jünger (Marcus, Stefan)	Geste: rufen. helfen ihm auf.
Und Jesus sagt zu ihm: »Geh nur, dein Vertrauen hat dir geholfen.« Bartimäus macht seine Augen auf – und kann wieder sehen. Jesus hat ihm die Augen geöffnet.	Bartimäus (Niels)	fasst sich an die Augen ist froh (Gesten).
5. Die Erkenntnis des Kämmerers (Kulisse: Taufbecken, Baum)		
Als Philippus erzählt, öffnen sich auch die Augen des Finanzministers und sein Herz; er versteht die Gute Nachricht von der Neuen Welt Gottes. »Dort ist Wasser!«, sagt der Finanzminister. »Ich möchte getauft werden!«	Kämmerer (Dirk)	fasst sich an die Augen, fasst sich ein/ans Herz (Geste des Verstehens) zeigt zum Wasser, Tauf-Geste.
Philippus und der Finanzminister gehen zum Wasser und Philippus tauft ihn.	Philippus (Stefan)	schöpft dreimal Wasser, legt segnend die Hand auf den Kopf.
Der Finanzminister fühlt sich wie neu geboren. Er fasst einen Entschluss: Wenn er nach Äthiopien zurückkehrt, wird er etwas von der Neuen Welt Gottes verwirklichen und die Armen in seinem Land unterstützen. Das hat er von Jesus gelernt.	Kämmerer (Dirk)	streckt sich, zeigt mit dem Finger.

Ulrich Beuker

A 19

Der Gottesdienst

1. Allgemeine Hinweise zur Feier der Liturgie

Die Unterrichtenden haben häufig auch die Aufgabe, die jungen Christen auf die Feier des Gottesdienstes vorzubereiten. Die nachfolgenden Hinweise zum Ablauf und zu den Elementen der Liturgie können dazu hilfreich sein.
Die Arbeitshilfe richtet sich an evangelische und katholische Christen in gleicher Weise. Aus den Formulierungen des Textes scheint manchmal durch, dass sie aus katholischer Sicht verfasst worden sind. Gleichwohl enthalten sie auch für evangelische Christen wichtige Hinweise, zumal die Bestandteile des Gottesdienstes in beiden Konfessionen nahezu identisch sind und in vielerlei Hinsicht vergleichbar. Die Verfasser(innen) sind sich sicher, dass Christen beider Konfessionen ihren Gewinn daraus ziehen und die Erläuterungen zum Gottesdienst, seinen Elementen und liturgischen Farben so manche Aufschlüsse und Einsichten vermitteln können.

Der Gottesdienstraum

Der Gottesdienst sollte in der Kirche stattfinden: Der Kirchenraum ist symbolisch das Haus Gottes, das Zelt Gottes unter uns Menschen.
Er hat seine eigene Atmosphäre, vermittelt Ehrfurcht, Andacht und Geborgenheit und macht dadurch die Teilnehmer zugänglicher für das Geschehen. Viele Gegenstände weisen auf Gott hin.
Hier erfahren wir Gemeinschaft mit Gott und untereinander. Hier findet Begegnung statt mit Christus und in ihm. Hier feiern wir das heilige Abendmahl.

Der Altar

Der Tisch spielt in unserem Leben eine wichtige Rolle: Wir sitzen z. B. am Tisch, wenn wir essen. Um den Wohnzimmertisch versammeln wir uns zum Gespräch: Der Schreibtisch ist für viele Menschen der Arbeitsplatz.
Auch in der Kirche kennen wir einen Tisch, den Altartisch.
Der Altartisch ist der Mittelpunkt der Kirche. In der katholischen Kirche ist er geweiht (gesegnet), auf ihm wird das heilige Opfer gefeiert.

Das Altartuch

Wenn wir zu Hause eine festliche Gelegenheit begehen, legen wir eine schöne Tischdecke auf den Esstisch. Wir wollen damit das Besondere herausstellen.
Auch auf dem Altar liegt ein Altartischtuch aus weißem Leinen. Dieses Tuch zeigt einmal das Besondere unserer Feier an; zum anderen ist es ein Hinweis auf die Grablegung Jesu in weißen Leinentüchern.

Das Kreuz

In unseren Wohnungen, in unserer Schule, in Büroräumen und an unserem Arbeitsplatz ist oft ein Kreuz aufgehängt.
Auf dem Altar steht oder liegt ein Kreuz. Es erinnert uns an Jesus, der für uns am Kreuz gestorben ist.

Die Kerzen

Bei Geburtstagen, Namenstagen oder an Abenden in der dunklen Jahreszeit zünden wir Kerzen an. Sie sind ein festlicher Bestand unserer Feier, sie spenden Licht und Wärme.
Auch auf dem Altar stehen Kerzen, sie weisen auf das Besondere unserer Feier hin. Sie wollen uns erinnern, dass Jesus das Licht der Welt ist und dass auch wir füreinander Licht werden sollen. Die Kerzen strahlen zudem Ruhe, Wohligkeit und Wärme aus. Wir dürfen bei Jesus zur Ruhe kommen, wir dürfen uns bei ihm wohlfühlen und geborgen sein.

Der Blumenschmuck

Mit Blumen gratulieren wir zu Geburtstag, Namenstag, Hochzeitstag und anderen Anlässen.
Wir nehmen Blumen mit, wenn wir einen Krankenbesuch machen, um Freude zu bereiten.
Auch auf dem Altar stehen Blumen. Sie sind Zeichen des Lebens, der Festtagsfreude. Sie zeigen uns etwas von der schönen Schöpfung Gottes. Sie sagen uns: Gott hat alles gut geschaffen und wir sind alle Teil der wunderbaren Schöpfung Gottes.

Die Gegenstände

Die Gegenstände, die im Gottesdienst benutzt werden, z. B. Kelch, Hostienschale, Messbuch usw., sollten während der Vorbereitungszeit beim Besuch der Kirche angeschaut und ihre Bedeutung und Verwendung besprochen werden.

Liturgische Gewänder

Zu bestimmten Anlässen ziehen wir die jeweils entsprechende Kleidung an, z. B. bei der Arbeit Arbeitskleidung, zum Fußballspiel ein Trikot, zum Schlafen einen Schlafanzug.
Beim Fest der Kommunion bzw. Konfirmation tragen wir festliche Kleidung.
Auch der Priester trägt im Gottesdienst besondere Kleidung.
Es geht dabei aber nicht um Verkleidung wie im Theater oder beim Karneval. Das Gottesdienstgewand soll das besondere Geschehen herausstellen.
Der evangelische Pastor trägt einen langen schwarzen Umhang, den Talar.
Die Gewänder, die der katholische Priester bei der Messfeier trägt sind:

1. Schultertuch   Wenn wir uns einen Stein auf die Schulter legen, spüren wir bald, dass die Last uns nach vorne drückt und schwer wird.
Jesus sagt den Menschen, ich lege euch keine schweren Lasten auf, was ich euch zu tragen gebe, ist leicht.
Das Schultertuch soll daran erinnern, dass die Last Jesu leicht ist.

2. Albe (weißes Untergewand)   Es erinnert an die Taufe. Dort wird dem Taufbewerber gesagt:
Du trägst ein weißes Kleid, dieses weiße

	Kleid sei dir ein Zeichen dafür, dass du in der Taufe Christus angezogen hast.
3. Zingulum (Gürtel)	Wie der Gürtel das Untergewand, die Albe, zusammenhält, sollen auch wir als Gemeinde Jesu zusammenstehen und uns gegenseitig halten.
4. Stola (Schal)	Sie erinnert daran, dass der Priester/Diakon nicht aus eigener Machtbefugnis handelt, sondern im Auftrag der Kirche und diese im Auftrag Jesu.
5. Das Messgewand	Das Messgewand ist das Festgewand (je nach Zeitpunkt im Kirchenjahr und je nach Anlass in verschiedenen Farben), es will uns das Besondere und Hohe der heiligen Feier bewusstmachen.

Die liturgischen Farben

Wir drücken unsere Gefühle wie Freude, Liebe, Hoffnung und Trauer in Farben aus, z. B. Rot für die Liebe. So auch im Gottesdienst. Bei bestimmten Anlässen werden entsprechende Farben benutzt.

In den evangelischen Kirchen sind diese Farben an den oft verzierten Tüchern (Antependien) am Altar, an der Kanzel und am Lesepult zu sehen.

Weiß:	Farbe des Festes und der Freude. Sie wird bei Herrenfesten (Jesusfesten) verwendet: Weihnachten, Ostern, Christkönigsfest, Herz-Jesu-Fest.
Rot:	Farbe für den Heiligen Geist. Sie wird an Pfingsten verwendet. Sie erinnert an die Liebe Gottes und an die Feuerzungen, die am Pfingstfest auf die Jünger herabkamen. Auch Farbe der Märtyrer. Sie erinnert an das Blut, das diese Menschen aus Liebe zu Jesus vergossen haben.
Grün:	Farbe der Hoffnung. Gilt an allen Sonntagen im Kirchenjahr, außer den oben genannten. Zeichen für Wachstum und Reife in der Natur und des Wortes Gottes in uns.
Violett:	Farbe der Besonnenheit, des Ausgleichs und der stillen Zeit, der Buße und Besinnung. Sie wird in der Fastenzeit und in der Adventszeit verwendet.
Schwarz:	Farbe der Trauer, des Todes. In der katholischen Kirche wird sie beim Sterbeamt getragen. Der Priester drückt in diesem Gewand die Mittrauer der Kirche mit den Angehörigen aus.

Bei der Vorbereitung eines Gottesdienstes ist darauf zu achten, dass wir den Teilnehmern gerecht werden.
Dies gilt besonders dann, wenn es sich um Kinder und Jugendliche handelt und erst recht dann, wenn es sich um Menschen mit geistiger Behinderung handelt.
Wir sollten bereit sein, in einfacher Sprache zu sprechen und einfache Formen zu wählen, die aber trotzdem das Besondere der Feier herausstellen.

Die Teilnehmer werden aktiv beteiligt (Lektorendienst, Evangelienspiel, das Bringen der Gaben, Tanz usw.)

Ferner sollten die Kinder bzw. Jugendlichen möglichst nahe im Bereich des Altars sein. Je näher sie dem Altar sind, desto tiefer sind Aufnahmebereitschaft und Begegnung.

Besondere Aufmerksamkeit ist den Symbolen zu schenken. Die Eucharistiefeier (Danksagung) enthält eine Fülle von Zeichen und Symbolen. Es ist daher notwendig, dass diese in der Vorbereitung angesprochen, erklärt und gedeutet werden, damit die Teilnehmer einen leichteren Zugang finden und die heilige Feier auch gefühlsmäßig erleben können.

Wir sollten auch bereit sein, die Kinder z. B. die Fürbitten selbst formulieren und vortragen zu lassen. Sie beten dann nicht nur die vorgelegten Texte nach, sondern bringen ihre wirklichen Anliegen, ihre Freude, ihre Not, ihren Dank in eigenen Formulierungen vor Gott. Wichtig dabei ist, dass wir ihnen genügend Zeit einräumen und ihnen in der Vorbereitung bei der Formulierung ihrer Anliegen helfen.

Wesentliche Bestandteile unserer Gottesdienste sind die Musik und der Gesang. Einfache oder einfach zu spielende Instrumente haben sich bewährt, sie sind leicht einsetzbar und geben den Kindern eine innere Freude und Ruhe.

Die Lieder werden der Gefühlswelt, auch der musikalischen Gefühlswelt der Teilnehmer entsprechend ausgesucht.

Gebete und biblische Texte werden so gewählt, dass sie im alltäglichen Erfahrungsbereich der Teilnehmer beheimatet sind. Besonders gut eignen sich dazu bei biblischen Erzählungen der Schöpfungsbericht, die Josef-Geschichte, die Geschichte von der Arche Noah sowie das Lukas-Evangelium.

Besonderes Augenmerk ist auf gemeinsames Erleben und Handeln der behinderten Kinder und Jugendlichen mit ihren nichtbehinderten Altersgenossen zu richten. Man lade deshalb beide Gruppen zur Gottesdienstfeier ein. Im Gottesdienst sollen sie – wo immer möglich – miteinander aktiv werden: spielen, sprechen, singen, tanzen usw.
Es kann wertvoll und bereichernd sein, Gottesdienste auch ökumenisch zu feiern, wenn beide Konfessionen vertreten sind.

Menschen mit geistiger Behinderung können die konfessionellen Unterschiede kaum einsehen; die Beteiligung eines evangelischen Pfarrers bzw. einer Pfarrerin und eines katholischen Priesters ist zu empfehlen, wobei immer der katholische Priester die Eucharistiefeier leitet.

2. Aufbau der heiligen Messe (Eucharistiefeier)

Damit die Kommunionkinder und Firmbewerber Symbole, Riten und Handlungen der heiligen Messe besser verstehen und in ihrem Herzen, in ihrer Seele möglichst viel von dem heiligen Geschehen erspüren und erahnen können, kann es sehr sinnvoll sein, ihnen in der Vorbereitungszeit den Verlauf der heiligen Handlungen zu erklären und sie in Gruppengottesdiensten mit der Messfeier und ihren Elementen vertrauter werden zu lassen.

Deshalb wird im Folgenden der Aufbau der heiligen Messe erläutert. Die Kinder und Jugendlichen sollten diesen

Aufbau nicht auswendig lernen. Jede(r) einzelne von ihnen sollte aber in der Vorbereitungszeit immer wieder Gelegenheit erhalten, ihn bewusst mitfeiernd so weit wie möglich zu verinnerlichen.

Der Aufbau der heiligen Messe gliedert sich in zwei Hauptteile: In einen *Wortgottesdienst* und die *Mahlfeier*.

Wortgottesdienst

1. Eröffnung/Lied — Wir feiern ein Fest, z. B. Sommerfest in der Schule. Das Fest wird mit Musik oder einem Lied eröffnet. Die Musik stimmt die Festteilnehmer innerlich auf das Fest ein.
Auch der Gottesdienst ist ein Fest. Deshalb beginnen wir mit einem Lied. Dieses Lied, wir nennen es Eröffnungslied, stimmt die Gemeinde auf den Gottesdienst ein.

2. Begrüßung — Bei einem Fest begrüßt der Veranstalter alle Festgäste. Er freut sich, wenn viele gekommen sind und sagt, was alles geboten wird.
Auch im Gottesdienst begrüßt der Priester die Gemeinde. Er sagt, warum wir diese Feier halten und beginnt mit den Worten: »Im Namen des Vaters und des Sohnes und des Heiligen Geistes.«
Alle machen das Kreuzzeichen und antworten: »Amen.«

3. Schuldbekenntnis — Kein Mensch ist ohne Fehler. Kein Mensch ist nur gut. Auch Menschen mit Behinderung machen Fehler, können sündigen. Wir sagen z. B. nicht immer die Wahrheit. Wir machen Menschen durch unser Verhalten traurig, wir tun ihnen weh. Wenn wir merken, dass wir böse waren, bitten wir um Verzeihung.
Auch im Gottesdienst bitten wir Gott um Verzeihung. Wir sagen in einem Gebet, dass wir nicht immer gut waren, gesündigt haben. Gott ist gut, er verzeiht uns, wir dürfen neu beginnen.

4. Kyrieruf — Es gibt Menschen, die wir besonders mögen, wir schwärmen für sie, z. B. für Sportler, Sänger, Stars. Wir sagen: »Du bist der King, du bist ein Held, ein As!«
Im Kyrieruf (von kyrios = griechisch für Herr) sagen wir: »Jesus, du bist der Größte, du bist unser Herr, der Herr der ganzen Welt.« Er hat die Macht uns zu helfen, deshalb beten wir:
»Herr, erbarme dich. Christus, erbarme dich. Herr, erbarme dich.«

5. Gloria — Wenn wir uns freuen, wenn wir jemandem gratulieren, wenn ein Sportler eine Medaille gewinnt und geehrt wird, drücken wir unsere Freude, unseren Dank und unser Lob für diese Leistung in Hurra-Rufen aus. Zum Geburtstag singen wir: Hoch soll er leben!
Mit dem Glorialied (gloria = lateinisch für Ehre) loben, danken und ehren wir Gott, dass er uns und die ganze Welt so wunderbar geschaffen hat.

6. Tagesgebet — Wenn wir uns morgens in der Schule treffen, beginnt nicht sofort der Unterricht, sondern wir erzählen uns, was es Neues gibt und was uns heute bevorsteht, welche frohen oder auch schwierigen Dinge wir zu meistern haben werden.
Im Tagesgebet sagt der Priester Gott, woran wir in diesem Gottesdienst denken wollen. Er sagt ihm, welche Probleme es zu bewältigen gilt oder auch welche Freuden wir haben. Alle Anliegen der anwesenden Gottesdienstteilnehmer schließt er mit ein.
Die Gemeinde antwortet nach dem Gebet: »Amen« (das heißt: »So ist es«).

7. Lesung — Wenn Menschen ein besonders schönes oder auch trauriges Erlebnis hatten, müssen sie immer wieder davon erzählen. Das ist sehr wichtig für diese Menschen. Es genügt oft schon, wenn wir ihnen dabei zuhören.
Im Gottesdienst hören wir, was Menschen mit Gott erlebt haben bzw. wie Gott für uns da ist. Diese Erzählungen stehen in der Bibel.
Der Vorleser/Lektor beendet die Lesung mit dem Ruf:
»Wort des lebendigen Gottes« oder: »Wort Gottes in unserer Mitte«.
Die Gemeinde antwortet:
»Dank sei Gott, dem Herrn.«

8. Zwischengesang — Wenn Menschen sich Schönes und Wichtiges erzählen, kann es vorkommen, dass sie ein Lied singen, das zur Erzählung passt: wenn z. B. jemand eine Lagerfeuergeschichte erzählt, beginnt plötzlich einer, ein Lagerfeuerlied zu singen.
Der Zwischengesang ist ein Lied, das zur Lesung passt oder schon auf den Text des nachfolgenden Evangeliums eingeht. Außer in der Fastenzeit wird immer auch ein *Halleluja* gesungen. Es ist ein Lobruf auf Jesus und seine gute Botschaft.

Bausteine – Materialien — Arbeitshilfen

9. Evangelium	Wenn wir einen guten Freund haben, der nicht bei uns ist, erzählen wir immer gern von ihm und vor allen Dingen von dem, was er gemacht hat. Beim Erzählen haben wir oft das Gefühl, der Freund ist wieder bei uns. Beim Evangelium (lateinisches Wort für gute/frohe Botschaft) ist es ähnlich. Wir hören die schönen Geschichten von Jesus und was er für uns Menschen getan hat. Weil diese Geschichten so wichtig für uns sind, werden beim Lesen zwei brennende Kerzen gehalten, damit ehren wir auch Jesus selbst. Das Evangelium wird mit dem Ruf eröffnet: »Der Herr sei mit euch.« Alle antworten: »Und mit deinem Geiste.« »Aus dem Evangelium Jesu Christi nach N. N.« (nun wird der Evangelist genannt: Matthäus, Markus, Lukas, Johannes). Alle antworten: »Ehre sei dir, o Herr.« Das Evangelium wird abgeschlossen mit dem Ruf: »Evangelium unseres Herrn Jesus Christus.« Alle antworten: »Lob sei dir Christus.«
10. Predigt	Wir hören z. B. in der Schule eine Geschichte, wir verstehen sie nicht sofort. Der Lehrer erklärt uns den Sinn der Erzählung. Nun verstehen wir und können mit und von dieser Geschichte leben. In der Predigt erklärt uns der Priester den Sinn der biblischen Erzählung und was uns Jesus damit sagen wollte.
11. Credo	Mit einem echten Freund hält man fest zusammen. Wir werden glauben, was er erzählt und wir werden auch anderen sagen, dass wir einen guten Freund haben. Wenn nicht der Credo-Text von Priester und Gemeinde gesprochen wird, bekennen wir zum Credo (lateinisches Wort für Glaube) meist in einem Lied unseren Glauben an Gott, an Jesus Christus, der unser Bruder ist, und an den Heiligen Geist, der unser Freund ist. Wir bekennen die Auferstehung der Toten und das ewige Leben mit allen Heiligen. Wir danken Gott, dass wir zu seiner Kirche gehören und Gemeinschaft erfahren.
12. Fürbitten	Wenn wir Hilfe brauchen, sprechen wir Menschen an, von denen wir glauben, dass sie uns helfen können. Wir glauben fest, dass Gott uns helfen kann, ja, dass er der größte Helfer ist. Deshalb tragen wir ihm unsere Bitten vor: Wir bitten für unsere Welt, für die Kirche, für alle Menschen und für uns selbst. (In Kommunion- und Firmgottesdienst tragen die Kinder und Jugendlichen die Bitten vor.)

Mahlfeier

Brot und Wein werden für das hl. Opfer bereitet.
Höhepunkt und Mitte der Messfeier ist das Hochgebet mit dem Lobgesang (Präfation), dem Sanctus (Heiligruf) und dem Kanon (Wandlung), daran schließt sich die Kommunionfeier an.
Die Mahlfeier wird in drei Teilen vorbereitet, im Vaterunser, im Friedensgebet und im »Lamm Gottes« (Agnus Dei). Die Feier findet ihren Abschluss mit Danksagung, Schlussgebet, Segen und Aussendung.

1. Gabenbereitung	Wenn wir uns ein Essen bereiten, müssen wir die entsprechenden Lebensmittel besorgen, dann können wir mit der Bereitung des Mahles beginnen. In der hl. Messe bringen Messdiener, stellvertretend für alle Teilnehmer, Brot, Wein und Wasser zum Altar. Diese Gaben sind wichtig zur Feier des hl. Mahles mit Jesus. Brot, Wein und Wasser sind Zeichen der menschlichen Arbeit, des Festes, des Lebens. Der Priester nimmt das Brot und betet: »Gepriesen bist du, Herr, unser Gott, Schöpfer der Welt. Du schenkst uns das Brot, die Frucht der Erde und der menschlichen Arbeit. Wir bringen dieses Brot vor dein Angesicht, damit es uns zum Brot des Lebens werde.« Der Priester nimmt den Kelch mit dem Wein, dem Wasser beigegeben wurde, und betet: »Gepriesen bist du, Herr, unser Gott, Schöpfer der Welt. Du schenkst uns den Wein, die Frucht des Weinstocks und der menschlichen Arbeit. Wir bringen diesen Wein vor dein Angesicht, damit er uns der Kelch des Heiles werde.« Die Gemeinde begleitet das Gebet des Priesters mit einem Gabenlied.
2. Präfation	Wenn wir ein Geschenk erhalten, bedanken wir uns. Es gibt Geschenke, die uns besonders glücklich machen, dann danken wir nicht nur,

sondern loben den Schenkenden, wir sagen ihm, wie schön wir das Geschenk finden und wie glücklich es uns macht.

Die Präfation (lateinisches Wort für Vorgebet) ist ein Lob- und Dankgebet an Gott. Es wird in festlichen Gottesdiensten gesungen, um die Freude noch deutlicher auszudrücken.

Wir danken Gott für das Geschenk unseres Lebens, für das Geschenk der Welt und besonders für Jesus, das schönste Geschenk Gottes an uns.

Der Priester leitet die Präfation ein mit den Worten:
»Der Herr sei mit euch« und alle antworten: »Und mit deinem Geiste.«
»Erhebet die Herzen.« Alle: »Wir haben sie beim Herrn.«
»Lasset uns danken dem Herrn, unserem Gott.« Alle: »Das ist würdig und recht.«

3. Sanctus

Wenn jemand ein frohes Lied singt, kann es sein, dass er uns damit ansteckt und wir mitsingen.
Dies geschieht nun: Sanctus (lateinisches Wort für heilig) ist der Antwortgesang der Gemeinde auf den Lobgesang des Priesters.
Alle singen: »Heilig, heilig, heilig. Gott, Herr aller Mächte und Gewalten. Erfüllt sind Himmel und Erde von deiner Herrlichkeit. Hosanna in der Höhe. Hochgelobt sei, der da kommt im Namen des Herrn. Hosanna in der Höhe.«

4. Kanon/Wandlung

Wir kennen aus der Natur Verwandlungen. Körner werden durch Mahlen zu Mehl, Mehl wird durch Vermischung mit Wasser zum Teig, und Teig wird durch die Hitze des Ofens zu gebackenem Brot.
Eine Raupe verwandelt sich in einen Schmetterling.
Weil wir diese Verwandlungen sehen können, wissen wir, dass es sich beim Brot vorher um Körner gehandelt hat und beim Schmetterling um eine Raupe.
Die Wandlung von Brot und Wein in den Leib Jesu können wir mit unseren Augen nicht sehen.

Der Priester spricht über Brot und Wein die Worte, die Jesus beim Abendmahl gesprochen hat.
Er nimmt das Brot und sagt: »Das ist mein Leib.«
Er nimmt den Wein und sagt: »Das ist mein Blut.«

Mit diesen Worten werden nun Brot und Wein in den Leib Christi verwandelt.
Wir glauben, dass Jesus nun in den Gestalten von Brot und Wein unter uns gegenwärtig ist.
Unsere Augen sehen nach wie vor Brot und Wein.
Die Wandlung kann niemand beweisen, wir dürfen es glauben.
Die Wandlung schließt deshalb mit den Worten des Priesters:
»Geheimnis des Glaubens.«
Alle antworten:
»Deinen Tod, o Herr, verkünden wir und deine Auferstehung preisen wir, bis du kommst in Herrlichkeit.«

5. Vaterunser

Wir bekennen, dass Gott unser guter Vater ist. Wir loben ihn und ehren ihn.
Wir beten das Vaterunser und wir bekennen ihn als den einen wahren Gott mit dem Lobpreis:
»Denn dein ist das Reich und die Kraft und die Herrlichkeit in Ewigkeit. Amen.«

6. Friedensgruß

Wir haben uns alle schon gezankt, vielleicht sogar geprügelt. Wir haben vielleicht durch eine Lüge Unfriede geschaffen. Menschen sind oft eher bereit zum Streit als zum Frieden. Jesus wusste das und hat uns seinen Friedensbeistand versprochen.
In der hl. Messe kommt die tiefe Sehnsucht nach Frieden zum Ausdruck. Wir wissen: Jesus will uns Frieden schenken, wir aber müssen uns immer wieder um Frieden untereinander bemühen.
Der Priester wünscht der Gemeinde Frieden mit den Worten:
»Der Friede des Herrn sei allezeit mit euch.« Dabei breitet er seine Arme weit aus.
Alle: »Und mit deinem Geiste.«
Der Wunsch, untereinander Frieden zu halten ist groß in uns, deshalb geben wir unseren Nachbarn die Hand oder umarmen sie, sagen ihnen dabei ein gutes und frohmachendes Wort, z. B. »Der Friede sei mit dir!«

7. Agnus Dei

Wenn wir etwas angestellt haben, dann bitten wir um Verzeihung. Einmal genügt dann oft nicht, wir fragen: »Bist du mir wirklich wieder gut?«
Wir sind immer noch nicht ganz si-

cher und fragen ein drittes Mal, dann erst sind wir sicher.
Im Agnus Dei (lateinische Worte für Lamm Gottes) bitten wir drei Mal um Gottes Erbarmen.

Wir beten:
»Lamm Gottes, du nimmst hinweg die Sünden der Welt, erbarme dich unser.«
Auch Jesus hat in der Bibel drei Mal Petrus gefragt: »Petrus, liebst du mich?«

8. Kommunion

Wir feiern ein Fest, und zu einem schönen Fest gehören meist nicht nur Musik und Gesang, sondern im allgemeinen auch ein Festessen.
Der Gastgeber lädt alle zum Essen ein.
Die heilige Messe ist ein Fest mit Jesus. Wir halten nun das Mahl.
Der Priester zeigt uns das Brot und lädt alle Gottesdienstteilnehmer zu diesem Mahl ein mit den Worten:
»Seht das Lamm Gottes, es nimmt hinweg die Sünde der Welt.«
Alle antworten:
»Herr, ich bin nicht würdig, dass du eingehst unter mein Dach, aber sprich nur ein Wort, so wird meine Seele gesund.«

Wir empfangen nun das heilige Brot. Aus unseren Händen bilden wir eine Schale. Wir legen die eine Hand unter die andere.
Der Kommunionspender legt uns die Hostie (Kommunion) auf die Hand und sagt: »Der Leib Christi.«
Antwort: »Amen.«
(Amen bedeutet: Ja, so sei es.)

9. Schlussgebet

Wenn wir bei Freunden zu Besuch waren, sagen wir, bevor wir gehen, danke für das gute Essen, für Trinken und besonders für die Gastfreundschaft.
In der hl. Messe dankt der Priester Gott in unser aller Namen.
Er dankt im Gebet noch einmal für die Gemeinschaft und für das heilige Mahl.

10. Segen/Sendung

Wenn jemand eine Lehre macht, z. B. als Schreiner, dann lernt er, wie er mit Handwerkszeug und mit Holz umgehen muss. Nach der Lehre kann er dann selbstständig arbeiten. Früher gingen die Gesellen über Land und arbeiteten an verschiedenen Orten.
Auch wir haben im Gottesdienst Gottes Wort gehört und Jesus als Stärkung empfangen.
Der Priester segnet uns. Der Segen ist Schutz und Hilfe.
Als Gesegnete werden wir nun zu den Menschen gesandt, in die Schule, an den Arbeitsplatz, nach Hause usw.
Wir sollen nun selber zum Segen für andere werden (vgl. Zweiter Themenkreis, 2.).
Der Priester entlässt die Gemeinde mit den Worten:
»Gehet hin in Frieden.«
Alle: »Dank sei Gott, dem Herrn.«

11. Schlusslied

Wenn wir auf einem Fest waren, kann es sein, dass wir auf dem Heimweg Lieder, die auch auf dem Fest gesungen wurde immer noch singen.
Es ist ein gutes Zeichen. Wir sind froh.
Im Schlusslied wollen wir das auch ausdrücken. Ein schönes Fest ist beendet, aber es klingt in uns nach. Wir gehen froh unseren Weg.

Wird der Wortgottesdienst ohne Mahlfeier gehalten, schließt sich an die Fürbitten Folgendes aus dem zweiten Hauptteil an:

Nr. 5   Vaterunser
Nr. 6   Bitte um Frieden
Nr. 9   Schlussgebet
Nr. 10 Segen und Sendung
Nr. 11 Schlusslied

M = Medien

M 1

Video für Kinder: »Jesus findet Freunde«. Aus der Bibel erzählt von Rolf Krenzer mit Bildern von Constanza Droop (nach dem gleichnamigen Kinderbibelbuch), Lahn-Verlag, Limburg.

M 2

Video für Kinder: »Jesus kann helfen und heilen« (s. M 1).

M 3

»Wir spielen unseren Glauben«. Kleine biblische Theaterstücke von Rolf Krenzer. Lahn-Verlag, Limburg 1999.

M 4

Bibelbilderbuch (5 Bände), Deutsche Bibelgesellschaft, Stuttgart.

M 5

Video für Kinder. »Jesu Tod und Auferstehung« (s. M 1).

M 6

Leporello »Jesus und die Kinder« (DIN A4 bzw. DIN A5), zu beziehen von den Medienstellen der Kirchen.

M 7

Film »Warum weint die Giraffe?«, zu entleihen bei Kreisbildstellen.

M 8

Rolf Krenzer, Bilderbuch »Du hast uns deine Welt geschenkt«. echter Würzburg 1995.

M 9

Leporello »Jesus hat die Kinder lieb« (s. M 6).

Weitere Medien sind die im Quellenverzeichnis der Lieder (S. 138) genannten MC und CD, zu beziehen bei den Musikverlagen, deren Anschriften zu diesem Zweck aufgeführt sind.

D. Quellen- und Copyrightnachweise

- **Lieder**
- **Texte**
- **Arbeitshilfen**

Quellen- und Copyrightnachweise mit Bezugsquellen

Lieder

L 1, 4: Strube Verlag GmbH, Pettenkoferstr. 24, 80336 München.

L 2, 12, 19, 21, 22, 37, 40 aus: »Kommt alle und seid froh«, 1982,
L 13 aus: »Für das Leben wollen wir singen«, 1987,
L 14, 24 aus: »Gott zieht vor uns her«, 1990,
L 26, 32, 35 aus: »Ich schenk dir einen Sonnenstrahl«, 1985,
L 36 aus: »Wir haben einen Traum«, 1972,
Peter Janssens Musik Verlag, Warendorfer Str. 1, 48291 Telgte.

L 5, 30, 45 aus: Buch, CD und MC »Wir danken für die Ernte«,
L 46, 47, 48, 49 aus: Buch, CD und MC »Jesus, Freund der Kinder«,
L 50 aus: Buch, CD und MC »Mein dicker, roter Luftballon«,
Lahn-Verlag, Postfach 1562, 65535 Limburg.

L 6, 8, 9, 18, 27 aus: »Weil du mich so magst«, IMP 1036, Impulse Musikverlag Ludger Edelkötter, Postfach 1109, 48309 Drensteinfurt.

L 7, 34: Rechte bei den Autoren.

L 10 aus: Buch, CD und MC »Wir kleinen Menschenkinder«,
L 15 aus: Buch und MC »Deine Welt ist meine Welt«,
L 29 aus: Buch, CD und MC »Viele kleine Leute«,
Menschenkinder Verlag, An der Kleimannbrücke 97, 48157 Münster.

L 16 aus: »Meine Lieder, deine Lieder«,
Hänssler-Verlag GmbH, Postfach 1220, 73762 Neuhausen.

L 17, 44: Präsenz-Verlag, 65597 Gnadenthal.

L 20 aus: »Gottes guter Segen sei mit euch«, Nr. 104,
L 25 aus: »Ein ganzer Tag voll Sonnenschein«,
L 28 aus: »Freue dich auf jeden Tag«, Nr. 0139,
L 31 aus: »Die Erde ist ein großer Tisch«, Nr. 079,
ABAKUS Musik Barbara Fietz, Haversbach 1, 35753 Greifenstein.

L 23 aus: CD/MC/Heft »Nimm Platz an unserm Tisch«, Kontakte Musikverlag Ute Horn, Windmüllerstr. 31, 59557 Lippstadt.

L 33;
L 41 aus: »100 einfache Lieder Religion«,
Verlag Ernst Kaufmann GmbH, Alleestraße 2, 77933 Lahr.

L 38 aus: Religionspädagogische Praxis, Handreichung für elementare Religionspädagogik, Jhg. 1984, Nr. 1, S. 15, »Jesus unser Heil«,
L 39 aus: Religionspädagogische Praxis, Handreichung für elementare Religionspädagogik, Jhg. 1980, Nr. III, S. 64 »Staunen-danken-loben«,
RPA Verlag, Gaußstr. 8, 84030 Landshut.

L 42: Edition Werry, Postfach 130149, 45445 Mülheim/Ruhr.

Quellen- und Copyrightnachweise

Texte

- T 2 Antoine de Saint-Exupéry: Der Kleine Prinz. © 1950 und 1998 Karl Rauch Verlag, Düsseldorf.
- T 7 Rechte beim Autor.
- T 8 Rechte beim Autor.
- T 9 Rolf Krenzer, Freue dich auf jeden Tag. echter Würzburg ²1998.
- T 11 Rechte beim Autor.
- T 12 Rolf Krenzer, Freue dich auf jeden Tag. echter Würzburg ²1998.
- T 13 Ebd.
- T 19 Rechte bei der Autorin.
- T 20 Rolf Krenzer (Hrsg.), Ich wünsche dir ein gutes Jahr. Lahn-Verlag, Limburg.
- T 21 Rolf Krenzer (Hrsg.), Martin, Martin, guter Mann! Lahn-Verlag, Limburg. ²1998. Rechte bei der Autorin.
- T 22 Ebd., © Lahn-Verlag, Limburg.
- T 23 Rechte beim Autor.
- T 24 Rolf Krenzer: Die schönsten Geschichten zur Advents- und Weihnachtszeit. Verlag Herder, Freiburg ⁸1998.
- T 25 Rolf Krenzer (Hrsg.), Martin, Martin, guter Mann! Lahn-Verlag, Limburg. ²1998. Rechte bei der Autorin.
- T 26 Elle-Kari Höjeberg, Willst du mit mir spielen? © Verlag Friedrich Oetinger, Hamburg.
- T 27 Rolf Krenzer: Glauben erlebbar machen. Verlag Herder, Freiburg 1996.
- T 28 Rechte bei der Autorin.
- T 29 Rechte bei der Autorin.
- T 30 Rolf Krenzer: Glauben erlebbar machen. Verlag Herder, Freiburg 1996.
- T 31 Rolf Krenzer, Freue dich auf jeden Tag. echter Würzburg ²1998.
- T 32 Rechte beim Autor.
- T 38 Rechte bei der Projektgruppe

Arbeitshilfen

- A 1 Religionspädagogische Praxis, Handreichung für elementare Religionspädagogik, Jhg. 1982, Nr. III, S. 63f., »Vater unser«. Alle Rechte bei RPA Verlag, Landshut.
- A 17 Bildgestaltung: Hilde Heyduck-Huth, in: Krenzer/Rogge, Erste Arbeitsblätter Religion. © Verlag Ernst Kaufmann, Lahr.
- A 18 Idee und Text: Ulrich Beuker, Lüneburg.

Biographische Angaben

Heinrich Aufleger,
geboren 1950; seit 1991 Leiter des Fachgebietes für innerverbandliche Fragen bei der Bundesvereinigung Lebenshilfe, u. a. zuständig für Seelsorge und Theologie, Sprecher der Projektgruppe Erstkommunion, Firmung und Konfirmation; Prädikant in der Evang. Landeskirche Hessen/Nassau.

Helmut Bellinger,
geboren 1945; katholischer Pfarrer und Behindertenseelsorger im Bistum Mainz.

Ulrich Beuker,
geboren 1954; Religionspädagoge und evang. Diakon, Leiter der Arbeit mit behinderten Menschen im Kirchenkreis Lüneburg, Freizeitgestaltung mit Jugendlichen und Erwachsenen, integrierte Angebote für Menschen mit und ohne Behinderung, bereitet seit 1990 Jugendliche mit einer geistigen Behinderung auf die Konfirmation vor.

Inge Gems,
geboren 1938, verheiratet, 3 Kinder und 4 Enkelkinder; Mitarbeiterin der Bundesvereinigung Lebenshilfe seit 1973, Mitglied der Kolpingfamilie Marburg seit 1979, hier Jugendarbeit und Betreuung der Frauengruppe, Lektorin und Kommunionhelferin in ihrer Pfarrgemeinde.

Ulrich Kolkmann,
geboren 1944; zunächst Lehrer an Sonderschulen für Lernbehinderte und geistig Behinderte, dann pädagogischer Teilhaber an einem Gruppenpfarramt, jetzt Pfarrer der Ev.-luth. Landeskirche in Braunschweig, arbeitet seit vielen Jahren im Bereich der Seelsorge und relig. Erziehung von Menschen mit geistiger Behinderung, z. Z. als Gemeindepfarrer für die Evangelische Stiftung Neuerkerode.

Rolf Krenzer,
geboren 1936, verheiratet, 2 Kinder und 5 Enkelkinder; war viele Jahre Rektor der Otfried-Preußler-Schule (für Praktisch Bildbare) in Dillenburg/Westerwald sowie Lehr- und Prüfungsbeauftragter im Bereich Geistigbehindertenpädagogik an der Goethe-Universität Frankfurt am Main, Lieder-, Kinder- und Jugendbuchautor, viele Jahre in der Jury zum deutschen Jugendbuchpreis tätig, zwei Goldene Schallplatten, Züricher Kinderbuchpreis, Silberne Kinderakademieze, Hofgeismar, Goldener Füllfederhalter, Marburg. Erfahrener Sing- und Spielleiter in Familienfreizeiten und Seminaren, Referent bei Fortbildungsveranstaltungen für Erzieherinnen und Erzieher, Lehrerinnen und Lehrer in Deutschland, Österreich und der Schweiz.

Dr. Anita Müller-Friese,
geboren 1950; Theologin und Diplom-Sonderpädagogin; nach 11 Jahren als Gemeindepfarrerin in Rheinhessen seit 1988 Dozentin am Religionspädagogischen Studienzentrum der Evangelischen Kirche in Hessen und Nassau, Fort- und Weiterbildung von Religionslehrerinnen und -lehrern an Sonderschulen. Ihr besonderes Interesse gilt dem gemeinsamen Leben und Lernen, darum handelt ihre Dissertation »Miteinander der Verschiedenen« von einem integrativen Bildungsverständnis, das behinderte Menschen nicht ausschließt.

Winfried Stadtfeld,
geboren 1946; katholischer Diakon, von 1971 bis 1975 Altenheimleiter, von 1975 bis 1979 Religionslehrer an einer Hauptschule und Krankenhausseelsorger, seit 1979 Seelsorger für Menschen mit geistiger Behinderung im Bistum Trier.

Ursula Villhauer,
geboren 1944, verheiratet, 2 Kinder; nach der Ausbildung als Arztsekretärin im Städt. Klinikum Karlsruhe tätig, danach im familieneigenen Betrieb; ihr zweites Kind, eine Tochter, ist durch einen frühkindlichen Hirnschaden schwerstbehindert, ehrenamtlich im Vorstand der Lebenshilfe Karlsruhe tätig, vor einigen Jahren Organisation und Durchführung eines ökumenischen Gottesdienstes beider Stadtkirchen Karlsruhes, in dem Kinder und Jugendliche gemeinsam Kommunion und Konfirmation feierten.

Notizen

Notizen

Notizen